012 Hobby

PLAMODEL
できる！
プラモデル
完全バイブル
THE COMPLETE BIBLE

大泉書店

はじめに

　飛行機、戦車、艦船、自動車…。実在のものを精巧に縮小した「スケールモデル」。完成品をながめているだけでもワクワクしますね。これらのプラモデルを自分でつくることができたら、とても楽しいですよね。しかし中には「スケールモデルをつくってみたいけれど、なんだか難しそう」「つくりはじめてみたものの、この先どうすればいいんだろう」という人もいらっしゃるのではないでしょうか？

　本書では、飛行機、戦車、艦船、自動車の4つのジャンルのプラモデルのつくり方と、プラモデル製作の基本テクニックを解説しています。箱を開けて、完成までの作業時間はおよそ7日間で設定。完成したプラモデルを部屋に飾って、ちょっと満足いく仕上がりを目標としています。また、それぞれのジャンルのプラモデルのつくり方を時系列で紹介することで、説明書には書かれていないプロセスをフォローしています。

　この本が、みなさんのはじめてのスケールモデル完成までのガイドになれば、やりたいことを形にするためのヒントになれば、とてもうれしいです。子どものころにプラモデルをつくったことがあるという人も、スケールモデルってなんだか楽しそうと興味を持ったばかりのあなたも、この本と一緒にお気に入りのスケールモデルを楽しんで、世界にひとつの自分だけの作品をつくってみましょう！

オオゴシ トモエ

CONTENTS

できる！
プラモデル 完全バイブル

はじめに —— 2

 プラモデル製作に役立つ 道具リスト

- ニッパー —— 8
- ナイフ —— 10
- 金属ヤスリ —— 12
- 紙ヤスリ —— 13
- ピンバイス —— 14
- ピンセット —— 14
- 筆 —— 15
- プラモデル用接着剤 —— 16
- 瞬間接着剤 —— 17
- パテ —— 18
- マスキング材 —— 19
- デカール軟化剤 —— 19
- サーフェイサー・下地剤 —— 20
- カラースプレー —— 21
- コート剤 —— 21
- ラッカー塗料 —— 22
- エナメル塗料 —— 22
- 水性塗料 —— 23
- エアブラシ／周辺アイテム —— 24

 **プラモデルの基本テクニック**

- 1-1 プラモデルの内容解説 —— 28
- 1-2 パーツの切り離し方 —— 29
- 1-3 合わせ目消し —— 30
- 1-4 ゲート・パーティングライン処理 ［ナイフ使用］—— 32
- 1-5 パーツの接着と修正 —— 33
- 1-6 金属ヤスリの使い方 —— 34
- 1-7 ピンバイスの使い方 —— 35
- 1-8 スミ入れの方法 —— 36
- 1-9 ウォッシングの方法 —— 38
- 1-10 デカールの貼り方 —— 40
- 1-11 筆塗装 —— 42
- 1-12 缶スプレー塗装 —— 43
- 1-13 エアブラシ
  - ① 塗装の準備 —— 44
  - ② 塗装の手順 —— 46
  - ③ メンテナンス —— 48
- 1-14 完成品の収納方法 —— 50

CONTENTS

できる！
プラモデル 完全バイブル

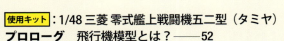
飛行機模型

使用キット：1/48 三菱 零式艦上戦闘機五二型（タミヤ）
プロローグ 飛行機模型とは？──52
- 2-1 製作前に確認しておくこと──54
- 2-2 コクピットの組み立て──56
- 2-3 コクピットまわりのスミ入れ──58
- 2-4 コクピットのデカール貼り──59
- 2-5 胴体の組み立て──60
- 2-6 主翼の組み立て──62
- 2-7 機体下面の塗装──63
- 2-8 マスキング──64
- 2-9 機体上面の塗装──66
- 2-10 エンジンまわりの塗装──68
- 2-11 主脚・後輪・コクピットまわりの塗装──70
- 2-12 機体のスミ入れ──72
- 2-13 デカール貼り──74
- 2-14 機銃・ピトー管の塗装──76
- 2-15 キャノピーの取りつけとクリアーパーツ──77

完成 ─ Completion ─ ──78
▼ GALLERY1　Airplane model──80

戦車模型

使用キット：1/35ドイツ重戦車タイガーⅠ型 初期生産型（タミヤ）
プロローグ 戦車模型とは？──82
- 3-1 製作前に確認しておくこと──84
- 3-2 パーツの合わせ目消し──86
- 3-3 転輪の組み立て──88
- 3-4 車体の組み立て──90
- 3-5 吸気パイプの取りつけ──91
- 3-6 砲塔の組み立て──92
- 3-7 キャタピラの組み立て──93
- 3-8 缶スプレー塗装──94
- 3-9 装備品の塗装──96
- 3-10 転輪とキャタピラの塗装──97
- 3-11 ウォッシング──98
- 3-12 デカール貼り──99
- 3-13 キャタピラの取りつけ──100
- 3-14 ドライブラシ──101
- 3-15 ウェザリング(汚し塗装)と仕上げ──102

完成 ─ Completion ─ ──105
▼ GALLERY2　Tank model──108

Lesson 4　艦船模型

使用キット：1/700日本戦艦 大和（タミヤ）
プロローグ　艦船模型とは？――110
- 4-1　製作前に確認しておくこと――112
- 4-2　合わせ目消し――114

組み立て
- 4-3　1　艦橋まわり――116
- 4-4　2　アンテナ――118
- 4-5　3　主砲――119
- 4-6　4　船体――120

塗装
- 4-7　1　船底――122
- 4-8　2　甲板――123
- 4-9　3　甲板のマスキング――124
- 4-10　4　軍艦色の塗装――126
- 4-11　甲板のスミ入れ――128
- 4-12　船体・艦橋まわりのスミ入れ――129
- 4-13　サビ垂れなどの再現――130
- 4-14　デカール貼り――131
- 4-15　軍艦旗の取りつけ――132
- 4-16　艦載機の塗装――133

完成　― Completion ―――134
▼ GALLERY3　Battleship model――136

Lesson 5　自動車模型

使用キット：1/24 NISSAN フェアレディZ（Z34）（タミヤ）
プロローグ　自動車模型とは？――138
- 5-1　製作前に確認しておくこと――140
- 5-2　パーツの仮組み――142
- 5-3　パーツの接着――143
- 5-4　パーツの整形・表面処理――144
- 5-5　下地（サーフェイサー）塗装――146
- 5-6　塗装前の下処理――148
- 5-7　ベースホワイトの塗装――149
- 5-8　エアブラシ塗装――150
- 5-9　クリアー塗装――152
- 5-10　ボディの研ぎ出し――154
- 5-11　シャーシ・インテリアの組み立て――158
- 5-12　クリアーパーツのマスキング――160
- 5-13　窓枠のマスキング――162
- 5-14　最終組み立て――164

完成　― Completion ―――166
▼ GALLERY4　Car model――169

5

CONTENTS

できる！
プラモデル 完全バイブル

プラモデル用語集＆インデックス ── 170
あとがき ── 174

本書の活用法

- Lesson1 は基本テクニックを解説しています。この章を理解してから Lesson2〜5 に進むと、作業がスムーズに行えます。
- 各章の製作工程は、1日4〜5時間程度作業するとした場合の目安です。
- 作業内容に関連したテクニック解説のページを、ページ数の横に記載しています。
- 各ページのタイトル部分にある「MEMO」は、目安時間や難易度、必要な道具、注意点など、役立つ情報を記載しています。
- わからない言葉は P170 の「プラモデル用語集＆インデックス」を参照してください。

Tool

プラモデル製作に役立つ道具リスト

プラモデル製作で必要な道具やあると便利なアイテムの解説と、それぞれの使い方や注意点、メンテナンス法を紹介します。ここで紹介した道具のほかにもいろいろありますので、模型専門店などに足を運んで探してみるのもよいでしょう。

Tool

使用頻度 ★★★★★

ニッパー

ニッパーはプラモデルのパーツを切断するための道具で、プラモデル製作の必需品です。ペンチに似た形で、先端の刃ではさんでパーツを切り離します。

ニッパーは100円ショップでも入手可能ですが、できることなら刃先が薄くて切れ味のよいプラモデル専用のニッパーを使いましょう。ゲートをつぶしたりえぐったりすることなく、パーツをきれいに切り取ることができます。

用途
- プラモデルのパーツの切り取り
- パーツのゲート処理

●プラモデル専用ニッパー

モデラーズニッパーα
プラスチック専用ニッパー。シャープな切れ味が特徴。グリップ部分は軟質樹脂製。(タミヤ)

ニッパーの刃先について
薄刃ニッパーの刃は、切れ味は鋭いが繊細なので、ゲートのカットのみに使用する。

薄刃ニッパー
刃先が薄くゲートに差し込みやすい。切れ味がよいので、切断面がなめらかできれい。(タミヤ)

持ち方

親指と人さし指で支えるようにして、刃先を上に向けて持つ。ギュッと握ると逆に扱いにくくなるので、力を入れずに持つ。

使い方

切る時は、刃の平らな面をパーツに向ける。ニッパーをパーツの下側から差し込むと、切り取る部分の状態を確認しやすい。

手入れ方法

刃先に残ったプラスチックのかけらを取り除いて、サビ止め用の油(ニッパーメンテナンスオイル)を塗っておくとよい。

●金属用ニッパー

金属線やランナーなど、硬い素材を切る時に使う。

プラスチック用ニッパーで金属を切らないようにしよう！

プラスチック用ニッパーで金属を切ると、写真のように刃先がボロボロになって切れなくなってしまう。

●100円ニッパー

100円のニッパーでも、パーツの切り離しは可能。しかし、ゲートがつぶれやすいので、プラモデル専用のニッパーを使おう。

+α プラモデル製作にあると便利なツール

ラジオペンチ
金属の部品を持つ時や加工に使用する。根元の刃で金属線なども切断できるので便利。

プライヤー
ペンチに似た形をした、部品をはさむ道具。薄い金属製のパーツなどを折り曲げる時に使用する。

ハサミ
工作用のハサミ。デカールを台紙から切り取ったり、マスキングテープのカットに使用する。

クラフトテープ・両面テープ
布テープや両面テープは、塗装時のパーツ固定に使用する。100円ショップでも入手可能。

クリップ
接着時の固定や塗装時の持ち手に使用する。大きさの違うものをいくつかそろえておくとよい。

金定規
マスキングテープの切り出しなどに使用。カッターの刃が当たっても、キズがつかないので便利。

ツマヨウジ
小さなパーツの塗装用持ち手、細かい部分の塗装や修正、接着剤を少量取る時などに使う。

綿棒
塗装のはみ出しの修正、スミ入れやウォッシングのふき取り、デカールをなじませる時に使用。

ティッシュペーパー
塗装後の筆、エアブラシ、調色スティックなどを掃除する時に使う。模型製作の必需品。

Tool

使用頻度 ★★★★★

ナイフ

替刃式のナイフ「デザインナイフ」「アートナイフ」は、ゲート処理に使ったり、シールやデカールを切り取る時に使ったりと、使用頻度の高いツールのひとつ。カッターナイフよりも刃先が小さいので、細かい作業に向いています。

使い方や保管方法はどちらも同じなので、どちらか1本用意しておけば大丈夫。ナイフを使う時は、手を切らないように十分注意しましょう。

用途
- パーツのゲート処理
- シール、デカールの切り取り
- パーティングラインを削る
- スジ彫りの彫り直し

●替刃式ナイフ

デザインナイフ
刃先が小さく繊細な作業に向いている。アートナイフの刃の2/3ほどの大きさで、刃先の角度は30度。(タミヤ)

モデラーズナイフ
デザインナイフに比べると刃先が大きく、力のかかる作業も安定して行うことができる。刃先の角度は32.8度。(タミヤ)

[ナイフの持ち方]

削る時は、手でパーツをしっかり固定する。ナイフの刃先を外側に向けてスライドさせるように削る。

持ち手が先端から離れていると安定しない。また、パーツを押さえている指がナイフの進行方向に出ていると、すべった時に刺さってしまうので危険。

使い方1 ゲート処理

ゲートを削って形を整える。刃は寝かせた状態で、パーツにぴったりとくっつけてスライドさせ、ゲートを薄く削る。

使い方2 パーティングラインを削る

パーティングラインを削る。ナイフの刃を立てた状態でスライドさせて、カンナがけの要領でパーツ表面が平らになるまで削る。

使い方3 ミゾの彫り直し

ヤスリをかけた時に消えてしまったミゾを彫り直す。ナイフの刃を垂直に当てて、押さえるようにして線を彫る。

手入れ方法 1

刃の切れ味が落ちると、余分な力が入り危険。刃にサビが浮いたり、刃先の切れ味が鈍ったらマメに交換する。

手入れ方法 2

替え刃のセット方法。ナイフ先端の金属部分をクルクルと回してゆるめ、先端のすき間に刃を差し込む。

手入れ方法 3

ナイフ付属の替え刃ケースには、交換した刃の保管スペースがある。交換した刃先はこのスペースに入れよう。

手入れ方法 4

ナイフを使い終わった後は、付属のキャップをはめる。ナイフの刃は逆さまにして固定しておくとよい。

+α アートナイフPRO

大型刃の特殊なナイフ。数種類の替え刃をつけられる。(オルファ)

特殊な替え刃

アートナイフPROの替え刃には直線刃、曲線刃、平刃の3種類があり、用途に合わせてつけ替えて使用する。

●カッター

クラフトカッター

刃はステンレス製。紙ヤスリをカットしたり、デカールの切り取りに使用。切れ味が落ちたら刃の先端を折る。(タミヤ)

カッターに適した作業

デカールを台紙から切り出す時などに便利。カッターを使う時は、カッターマットを敷いて作業する。

+α

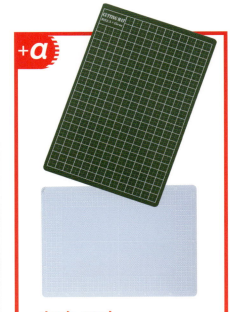

カッターマット

カッティングマットともいう。カッターやナイフで作業を行う際の下敷きとして使う。シールやデカールを切り出す時に、机をキズつけるのを防ぐことができる。

Tool

使用頻度 ★★★☆☆

金属ヤスリ

金属製のヤスリは、ニッパーやナイフで削り切れなかったゲートを平らにする時や、パーツを削って加工する時に使用します。金属のヤスリには平らなもの以外にも、丸や半丸などさまざまな形があり、削る場所の形に合わせて使います。力を入れて乱暴に削ると削りすぎてパーツの形が変わってしまったり、キズがつくことがあるので、丁寧に作業することが大事。

ベーシックヤスリセット

▶平・半丸・丸の3本の金属ヤスリがセットになっている。プラスチックのほかに金属を削ることもできる。(タミヤ)

クラフトヤスリPRO

▶プラスチック専用のヤスリ。特殊な刃を持ち、「カンナ」のような高い切削性と目詰まりが少ないのが特徴。(タミヤ)

用途
- ゲート、パーティングラインの処理
- パーツの整形
- パテの切削

平ヤスリ

平ヤスリは平らなパーツの整形やゲートの処理に便利。紙ヤスリよりも切削性が高いので、早く削ることができる。

丸ヤスリ

丸ヤスリは、ピンバイスで穴を開けた時のささくれを削ったり、穴を広げる時などに使用するとよい。

半丸ヤスリ

半丸ヤスリは平ヤスリのように使うこともでき、パーツに垂直に当てて削れば、スジ彫りのミゾを彫ることもできる。

持ち方

グリップ部分を握り、ヤスリの刃の部分を人さし指で支えるように持つと、ぐらつかず安定して使いやすい。

削り方

ヤスリの刃をパーツにぴったり当てる。押し切り刃は押す時のみに削れる。押しながら削り、引く時はパーツから離す。

手入れ方法

削った時に出た粉が刃に詰まると削る力が弱くなるので、歯ブラシで粉を取り除く。その際、粉が舞うので、ゴミ箱の上で行うとよい。

Tool

使用頻度 ★★★★☆

紙ヤスリ

研磨用の砂を貼りつけた紙状のヤスリ。パーツ表面の凹凸をなめらかに削る作業に使用します。模型用語では「ペーパーがけ」といいます。目の細かさは「番手(ばんて)」といい、400番、600番と数字で表記され、番号が大きくなるほど目が細かくなめらかになります。紙ヤスリは基本的には使い捨て。削った時に出た粉で目が詰まったら、新しいものと交換しましょう。

フィニッシングペーパー
耐水性の紙ヤスリで、「サンドペーパー」とも呼ばれる。180番〜2000番と、模型に便利な番手がそろっている。(タミヤ)

用途

- パーツのゲート処理
- 合わせ目消し
- パーツの表面処理
- 研ぎ出し

使い方

紙ヤスリは二つ、または三つ折りにして厚みを持たせて使うとよい。パーツの形状に合わせて、手を動かしながら削る。

使いやすくするコツ
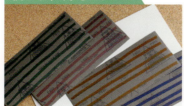
紙ヤスリの裏面に色違いのマーカーで目印をつけておくと、パッと見た時に何番なのかわかりやすい。

保管のコツ

使いやすい大きさにカットしてケースにまとめておくと、使うたびに切り出さなくてもよいので、作業効率がアップする。

+α

研磨剤コンパウンド

カーモデルのつや出しなどに使用する研磨剤。液状、チューブに入ったペースト状などがある。研磨用のクロスに適量出して、プラモデルの表面を磨く。クリアーパーツのキズ消しやはみ出した塗料の修正などにも使える。(セラミックコンパウンド/ハセガワ)

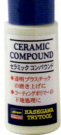

よく使う ★★★★★〜★★★★★　　使う ★★★　　あると便利 ★〜★★

Tool

使用頻度 ★★☆☆☆

ピンバイス

替刃式の精密ドリル。先端にドリル刃を装着して、部品に穴を開けるための工具です。模型では、パーツを取りつける穴を開ける時などに使います。ドリル刃は交換式。替刃式ナイフと同じで、先端部分を回してドリルの刃を取りつけます。0.5ミリ以下のドリルの刃は折れやすいので、ドリル刃ケースに入れて保管するとよいでしょう。

ドリルの替刃

0.3～3.0ミリのドリル刃。失くしたり、折れたりしないように、ケースに入れて保管しよう。

精密ピンバイスD

先端にドリル刃を取りつけ、パーツに垂直に当てて回転させ、穴を開ける。模型製作において使用頻度が高い径は、0.3、0.5、0.8、1.0、1.5、2.0、3.0ミリ。ドリルの刃は別売り。(タミヤ)

使い方

パーツに垂直に当てて、手で回して穴を開ける。

用途
● パーツの穴開け

Tool

使用頻度 ★★★★☆

ピンセット

小さなパーツやデカールを保持したり、指先で作業するのが難しい精密な作業に便利。ストレート型、ツル首型など、さまざまな形状の先端があるので、形状が違うものを数種類用意して、作業によって使い分けられると理想的です。ピンセットで部品をつかむ際に力を入れると、部品を飛ばすことがあるので、やさしくつかみましょう。

ピンセットの先端

ストレート型、ツル首型（写真上）のほか、デカール専用などさまざまな形の先端がある。

ストレートピンセット

ブラックカラーでメッキコーティングされたピンセット。クロームステンレス製。直線で位置決めがしやすく、力がかけやすいのが特徴。先端はストレートのほかに、ツル首もある。(タミヤ)

使い方

力を入れすぎず、パーツをやさしくはさんで保持する。

用途
● 小さなパーツを持つ
● デカール、マスキングテープを持つ

Tool

使用頻度 ★★★☆☆

筆

筆塗り塗装、細部の塗り分けで使用します。パーツのホコリを落とす時にも便利です。筆先は平筆（ひらふで）、丸筆（まるふで）、面相筆（めんそうふで）などの形状があります。毛は天然素材の獣毛や、化学繊維などの素材が使われていて、獣毛は毛先が白や茶色、化学繊維は毛先がオレンジっぽい色をしています。使用後に洗浄する際、溶剤を使うと毛先が傷みやすいので、専用の筆洗い液で手入れすると長持ちします。

用途
- 筆塗り
- パーツのホコリを取りのぞく

筆先の種類について

[平筆] 塗料のふくみがよく、広い面の塗装に向いている。塗装する面積に合わせて、筆先の幅を選ぶとよい。

[丸筆] 特に毛先の細いものは面相筆と呼ばれている。細部の塗り分けやスミ入れに使用。

タミヤ モデリングブラシHG 平筆
馬毛を使った、柔らかく塗料のふくみに優れた平筆。筆の根元の毛の密度を厚く、穂先の密度を薄くした特殊構造が特徴。（タミヤ）

タミヤ モデリングブラシHG 面相筆
合成樹脂毛を使用した面相筆。コシが強く、耐溶剤性にも優れているのが特徴。グリップは持ちやすい中太タイプ。（タミヤ）

使い方

平筆に塗料を含ませて、プラモデルの表面に塗る。力を入れすぎず、パーツをなでるように筆を動かして塗装を進める。

手入れ方法
筆専用の洗浄液、Mr.フデピカリキッド。筆を洗浄する時は溶剤ではなく、専用の筆洗い液を使用するとよい。毛先を傷めず長持ちさせることができる。

塗装関連ツール

塗装をより快適に行うために、塗料の調合や希釈に便利な関連ツールも用意しておきたい。❶スペアボトル 写真左からスペアボトル46(計量目盛りつき)、スペアボトル23(計量目盛りつき)、ミニ丸ビン(10cc)、ミニ角ビン(10cc)/タミヤ ❷万年塗料皿/万年社 ❸調色スティック/タミヤ ❹スポイトセット(ショート・ロング各3本)/タミヤ

よく使う ★★★★★～★★★★★　　使う ★★★★★　　あると便利 ★～★★

Tool

使用頻度 ★★★★★

プラモデル用接着剤

プラモデル用の接着剤は、プラモデルの原料「スチロール樹脂」を溶かして接着するタイプの接着剤です。貼り合わせタイプ、流し込みタイプの2種類があります。「スチロール系接着剤」「プラセメント」とも呼ばれています。プラスチックを溶かして接着することで、工作用ののりやボンド、瞬間接着剤よりも、より強固に接着することができます。揮発性が高いので、使用する時は窓を開けて換気しましょう。

用途

- パーツの接着
- 合わせ目消し

プラモデル用接着剤の特性

工作用ののりや瞬間接着剤と違い、プラスチックを溶かしてくっつける性質を持っている。ランナーをプラモデル用接着剤に入れて数分間放置すると、ドロドロに溶ける。

●貼り合わせ用接着剤

タミヤセメント

樹脂成分が含まれているため、トロッとしている。接着強度は、流し込み接着剤に比べて弱い。内容量は40ミリリットル。(タミヤ)

●流し込み用接着剤

タミヤセメント 流し込みタイプ

樹脂成分の含まれていない、さらさらした接着剤。接着面を合わせてすき間に流し込んで接着する。内容量は40ミリリットル。(タミヤ)

+α

リモネン接着剤

オレンジの皮に含まれる成分「リモネン」を利用した接着剤。リモネンはプラスチックを溶かす性質を持っている。使い方はタミヤセメントの貼り合わせタイプと同じ。溶剤のにおいが苦手な人にも使いやすいオレンジの香り。(タミヤリモネンセメント/タミヤ)

使い方1

合わせ目消しなどに使う。貼り合わせるパーツの両方に塗り、接着面を溶かして接着する。

使い方2

パーツの接着や合わせ目消しに使用する。接着面を合わせてすき間に流し込み、接着する。

Tool

使用頻度 ★★★☆☆

瞬間接着剤

シアノアクリレートが主な成分の瞬間接着剤は、空気中の水分で化学反応を起こして硬化する接着剤です。低粘度タイプ、ゼリー状タイプなどがあります。空気に触れると劣化するので、密閉容器で保管します。プラモデル用接着剤に比べて硬化が速いので、のりしろの少ない小さなパーツや金属パーツの接着に使用するとよいでしょう。

瞬間接着剤（速硬化タイプ）
速硬化タイプの瞬間接着剤。瞬間接着剤が入っているケースは、サイドのボタンを押すと一滴ずつ必要な量が出せる仕様になっている。（タミヤ）

用途

- 小さなパーツの接着

使い方1

細かいパーツを接着する際には、はみ出さないように接着剤をツマヨウジなどの先に少量取ってパーツに塗る。この作業を「点づけ」という。

使い方2

瞬間接着剤を少量流し込みたい時は、付属している先端ノズルを取りつけるとよい。クリアーパーツを接着する時は、白化するので注意する。

+α

タミヤ クラフトボンド
乾くと透明になる水性ボンド。プラスチック・紙・木・布・皮・スチレンボード・発泡スチロールなどの接着に使用可能。（タミヤ）

ピットマルチ
液体のり。酸を含まず樹脂や塗膜を傷めにくいのが特徴。のりの乾燥後に貼れば「貼ってはがせる仮止めのり」になる。（トンボ鉛筆）

よく使う ★★★★～★★★★★　使う ★★★　あると便利 ★～★★

Tool

使用頻度 ★★☆☆☆

パテ

パーツのキズ埋めに使う補修材。「ラッカーパテ」「プラパテ」とも呼ばれています。パテを使ったキズの補修作業を「パテ埋め」といいます。サーフェイサーに含まれるパテ成分とほぼ同じで、溶剤分でプラモデルの表面を少し溶かしてパーツ表面にくいつき、キズやへこみを埋めます。使用中や乾燥時には換気を心がけ、乾燥後に削る際は削り粉を吸いこまないように気をつけましょう。

用途
- パーツ表面のへこみの修正
- 合わせ目の修正

●プラスチック用パテ

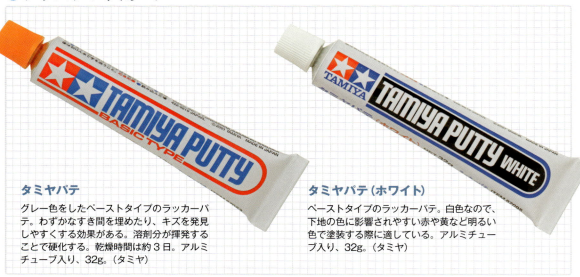

タミヤパテ
グレー色をしたペーストタイプのラッカーパテ。わずかなすき間を埋めたり、キズを発見しやすくする効果がある。溶剤分が揮発することで硬化する。乾燥時間は約3日。アルミチューブ入り、32g。（タミヤ）

タミヤパテ（ホワイト）
ペーストタイプのラッカーパテ。白色なので、下地の色に影響されやすい赤や黄など明るい色で塗装する際に適している。アルミチューブ入り、32g。（タミヤ）

使い方1

パテをそのまま塗る方法のほかに、パテにラッカー溶剤やMr.カラーうすめ液を加えて「溶きパテ」をつくる方法もある。加えるうすめ液は、パテとだいたい同量が目安。

使い方2

パーツの合わせ目消しをした際に、接着剤では埋まらなかったミゾに溶きパテを塗る。筆に適量取り、合わせ目に塗る。パテが完全に固まり、削れるようになるまでは2～3日必要。

Tool

使用頻度 ★★☆☆☆

マスキング材

塗り分けをする際に、塗料がのってほしくない場所を覆い隠す作業をマスキングといいます。マスキングテープは、セロハンテープやほかのテープよりも柔軟性があり、パーツになじませやすく、はがす時に粘着面ののりが残りにくいのが特徴。マスキング以外にも仮組み時のパーツの固定でも使うので、幅違いのテープを数種類用意すると便利。

用途
- 塗装の塗り分けのマスキング
- 仮組み時のパーツの固定

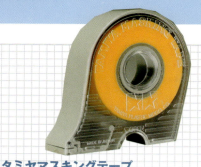

タミヤマスキングテープ
和紙製のマスキング用のテープ。数ミリ～数センチといろいろな幅がある。カッターつきの専用ケースを使えば、テープ側面にゴミがつかないので便利。(タミヤ)

使い方1 — テープの端はホコリがついているのでカットする。

使い方2 — 細かい部分はテープを細切りにしてマスキング。

Tool

使用頻度 ★★☆☆☆

デカール軟化剤

水転写式デカール専用の軟化剤。マークフィットを塗ることで、水転写式デカールを柔らかくして、貼りにくい凸凹面や曲面になじませやすくなったり、接着力を高める効果があります。また、デカールの余白が浮いて白くなる現象(シルバリング)を防ぐ働きもあります。塗りすぎるとデカールが割れるので注意しましょう。

タミヤマークフィット
水転写式デカール専用の軟化剤。デカールを貼る部分に塗ると、デカールを柔らかくし、接着力を高める効果がある。40ミリリットル入り。(タミヤ)

使い方 — ▶デカールを貼る部分に塗り、密着させる。

用途
- でこぼこしている面へのデカールの密着

Tool

使用頻度 ★★☆☆☆

サーフェイサー・下地剤

塗料の定着を高めるパテ成分が入った塗装下地剤。サーフェイサーをパーツに吹きつける作業を「サフ吹き」といいます。塗装下地剤としての役割だけではなく、パテ成分が含まれているので細かいキズを埋め、パーツのキズやホコリを見つけやすくする効果もあります。吹きすぎるとミゾを埋めてしまうので、表面を確認しながら使いましょう。

用途

- 塗料のくいつきをよくする
- 細かなキズを埋め均一な下地をつくる

● サーフェイサー

スーパーサーフェイサー
缶スプレータイプ。プラスチックだけではなく、金属にもくいつきがよいのが特徴。(タミヤ)

Mr.サーフェイサー ビン入り
ビン入りのサーフェイサー。ビン入りタイプのほかに缶スプレータイプもある。(GSI クレオス)

使い方

筆塗りする以外に、濃度を調整すればエアブラシで塗装が可能。ビン入りのサーフェイサーを薄める時は Mr. カラーうすめ液を使用する。

+α

ベースホワイト

白い下地剤。Mr. カラーのホワイトに比べて、下地を覆い隠す力(隠ぺい力)が高い。赤や黄など下地色の影響を受けてにごりやすい色を塗装する場合に下地として使用すると、本来の鮮やかな色に発色させる効果がある。エアブラシで塗装する場合は、通常の塗料と同じく2〜3倍に薄めて塗装する。サーフェイサーと同じく、若干のキズ埋め効果がある。(GSI クレオス)

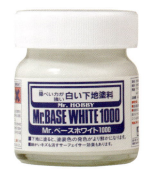

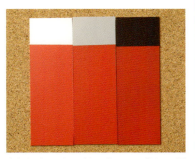

左からベースホワイト、サーフェイサー、黒の下地の上に同じ赤を塗装した。下地の影響を受けて、発色に差が出ているのがわかる。

Tool

使用頻度 ★★★☆☆

カラースプレー

手軽に吹きつけ塗装ができる、スプレータイプの塗料。缶の中に塗料とガスが入っていて、ボタンを押すと塗料が霧状に噴射され、広い面積を均一に塗装できます。塗装する前には缶をよく振って、中身をしっかり混ぜましょう。広範囲にミストが飛散するので換気に注意し、部屋を汚さないように塗装ブースなどを併用するとよいでしょう。

用途

- パーツなどの塗装

タミヤ カラースプレー
ラッカー系のカラースプレー。カラーは全101色。100ミリリットル入り。(タミヤ)

Tool

使用頻度 ★★★☆☆

コート剤

塗装後の光沢を整える、仕上げ用のコート剤。完成後のパーツ表面の光沢を整えることで、作品に統一感を持たせる効果があります。またトップコートには、シールやデカールがはがれないように保護する効果もあります。ラッカー系のMr.スーパークリアーと水性トップコートがあり、それぞれに「光沢・半光沢・つや消し」があります。

水性トップコート
水性の缶スプレータイプのコート剤。88ミリリットル入り。(GSIクレオス)

Mr.スーパークリアー
ラッカー系の缶スプレータイプのコート剤。170ミリリットル入り。(GSIクレオス)

用途

- 完成後の光沢の調整
- デカールの保護(水性のみ)

Tool

使用頻度 ★★★★☆

ラッカー塗料

プラスチックへのくいつきがよく、乾燥が早いのが特徴。プラモデル製作にもっとも使用されている塗料です。塗料の濃度調整や、使い終わったツールの洗浄には専用のうすめ液を使います。揮発性が高いので、使用中は必ず換気をしましょう。

塗料の希釈目安	
筆塗り	塗料1：うすめ液0.5～1
エアブラシ	塗料1：うすめ液2～3

用途
- エアブラシ塗装
- 筆塗り塗装

Mr. カラー

Mr. カラーうすめ液

カラーは全169種類。希釈やツールの洗浄には、専用のMr. カラーうすめ液を使用する。うすめ液は50～400ミリリットル入りまで、各種あり。（GSIクレオス）

使い方

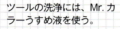

ツールの洗浄には、Mr. カラーうすめ液を使う。

ラッカー溶剤は、タミヤからも発売されている。

Tool

タミヤカラー　　　タミヤカラー
エナメル塗料　　　エナメル溶剤

タミヤカラーエナメル塗料は全81種類。希釈やツールの洗浄にはエナメル溶剤を使用。溶剤は10～250ミリリットル入りの3タイプ。（タミヤ）

使用頻度 ★★★☆☆

エナメル塗料

のびがよい油性塗料。乾燥時間は、ラッカー系塗料に比べてやや長めです。ラッカー塗料の上にエナメル塗料で塗装すると、エナメル溶剤でふき取りが可能です。この特性を利用して、部分塗装、スミ入れ、ウェザリングなどに使用します。

塗料の希釈目安	
筆塗り	塗料1：うすめ液0.5～1
エアブラシ	塗料1：うすめ液2～3

用途
- 筆塗り塗装
- ウェザリング
- スミ入れ

+α　スミ入れ用塗料

あらかじめスミ入れに適した濃度になっている、スミ入れ専用の塗料。ビンを振って塗料をかき混ぜたら、キャップ付属の筆ですぐに作業をはじめることができる。（タミヤ）

Tool

使用頻度 ★★★★☆

水性塗料

乾燥後は耐水性になる水性塗料。タミヤカラーアクリル塗料、水性ホビーカラーともににおいがマイルドで、安全性の高い塗料です。ツールの手入れは水でも可能。希釈(きしゃく)は水でもできますが、専用のうすめ液を使うことをおすすめします。

塗料の希釈目安	
筆塗り	塗料1:うすめ液0〜0.5
エアブラシ	塗料1:うすめ液0〜0.5

用途
- エアブラシ塗装
- 筆塗り塗装

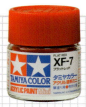

タミヤカラー アクリル塗料

タミヤカラー アクリル溶剤

水溶性アクリル樹脂塗料。カラーは全99種類。溶剤は10〜250ミリリットル入りがある。(タミヤ)

水性ホビーカラー

水性ホビーカラーうすめ液

水溶性アクリル樹脂塗料。カラーは全96種類。溶剤は110、400ミリリットル入りがある。(GSIクレオス)

+α 塗料の特徴と使用ポイント

プラモデルの塗装で使用する主な塗料は、ラッカー系塗料、エナメル系塗料、アクリル系塗料の3種類。近年では、エマルジョン系水性塗料「新水性カラー アクリジョン」(GSIクレオス)なども発売されている。どの塗料もそれぞれ専用の溶剤「うすめ液」で塗料の濃度を調節して塗装する。うすめ液は違う種類の塗料に加えることができないので、必ず専用のものを使う。
重ね塗りをする場合は、ラッカー系塗料は溶剤が強いので、エナメル塗料やアクリル塗料の上へ重ね塗りすると、下地を溶かすことがあるので注意。右表を参考に塗装しよう。

●塗料の特性

下塗り \ 上塗り	ラッカー系	エナメル系	水性系
ラッカー系	△	○	○
エナメル系	×	△	○
アクリル系	×	△	×
アクリジョン	○	○	○

○できる/△重ね塗りには注意が必要/×できない

扱い方1

新品や長く放置した塗料は、溶剤が分離している。調色スティックなどで50〜100回くらいかき混ぜてから使う。

扱い方2

ビンのフチについた塗料は、ティッシュでふき取る。そのままにすると塗料が固まり、フタが開かなくなってしまう。

扱い方3

溶剤や塗料を捨てる時はティッシュにしみ込ませて処分。塗装時はもちろん片づけ時も必ず窓を開けて換気を行う。

よく使う ★★★★★〜★★★★★ 使う ★★★ あると便利 ★〜★★★

Tool

使用頻度 ★★☆☆☆

エアブラシ／周辺アイテム

吹きつけ塗装に使用するエアブラシと周辺アイテムを紹介します。エアブラシは圧縮した空気の圧力によって、塗料を霧状に噴射して塗装するツールです。エアブラシ単体を「ハンドピース」と呼ぶこともあります。エアブラシに空気を送るコンプレッサーも、エアブラシ塗装に欠かせないツールです。レギュレーター、エアブラシスタンドなども、エアブラシ塗装を快適に行うために用意しておいたほうがよいでしょう。

用途
- 塗料やサーフェイサーなど、エアブラシを使った塗装

●エアブラシ

ボタン式エアブラシ（ダブルアクション）
模型用エアブラシのスタンダードモデル。ボタンを押すと空気、後ろに引くと塗料が噴射される。(GSIクレオス)

エアブラシのメリット
▷ 薄めた塗料で均一に塗装
▷ 調色した色を塗装できる
▷ 幅広い塗装表現が可能
（グラデーション塗装など）

薄めた塗料を均一に吹きつけて塗装することで、厚塗りになりがちな筆塗りや缶スプレー塗装では難しい、薄い塗膜をつくることができる。混色して好きな色をつくって塗装することも可能。エア圧や塗料量を調節すれば、グラデーション塗装や迷彩塗装などをすることもできる。

エアブラシの構造

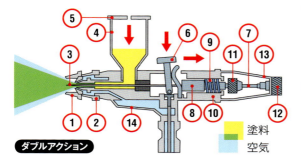

ダブルアクション／塗料／空気

エアブラシの部位名称（ダブルアクション）

エアブラシの各部位、パーツの名称を紹介します。本書のエアブラシの使い方や、メンテナンスのページでもたびたび登場する名称もあるので、覚えておくとよいでしょう。

① ニードルキャップ／② ノズルキャップ／③ ノズル／④ 塗料カップ／⑤ 塗料カップのフタ／⑥ ボタン／⑦ ニードル／⑧ ニードルチャック／⑨ ニードルスプリング／⑩ ニードルスプリングケース／⑪ ニードルチャックネジ／⑫ ニードルストッパー／⑬ 軸キャップ／⑭ ボディ

●エアブラシ周辺アイテム

Mr. リニアコンプレッサー L5
エアブラシに圧縮した空気を送り込む機械。コンプレッサーとも呼ばれる。

エアブラシスタンド
塗装の合間にエアブラシを保持するスタンド。エアブラシが倒れて塗料がこぼれたり、落下するのを防ぐ。

水抜き・レギュレーター
エア圧を調整するための塗装サポートツール。圧力計がついているので、エア圧の状態が目視でわかりやすい。圧縮された空気から水分を抜く水抜き機能や、二股分岐機能もついている。

塗装ブース
塗装ブースは室内でエアブラシ作業が行えるよう、模型用に設計された換気装置。スプレー塗装で空気中に舞った塗料のミストや溶剤を吸引し、屋外に排気する。

ドライブース
温めることで塗装したパーツの乾燥を速める、模型専用の乾燥機。カバーがついているので、乾燥中に空気中に舞うホコリがパーツにつくのを防ぐことができる。

+α

手袋、マスクのすすめ
塗装する際は、空気中に舞った塗料や溶剤を吸い込まないように、マスクの着用を心掛けよう。手や服を汚さないように、手袋やエプロンも着けるとなおよい。手袋はパーツを持つ手のみでも OK。塗装作業のほかに、接着剤やパテの使用時にも溶剤が揮発するので注意しよう。

Tool

エアブラシ／周辺アイテム

●エアブラシの塗装環境

塗装環境は、窓辺の換気しやすい場所に設置するとよいでしょう。塗装に必要な道具はすぐに使えるように、手の届く位置に準備しておきましょう。机を汚さないように、新聞紙を敷いておくのも大切なポイント。エアブラシ塗装後のツールの洗浄に使用したティッシュは、溶剤分が揮発するのでフタつきのゴミ箱がおすすめです。塗装の際は明るさも重要。塗料ののり具合や色を確認しやすくするため、照明を用意しましょう。

また、塗装には天候も大きく影響します。雨の日や湿度の高い日に塗装を行うと、塗料が揮発不良を起こして白っぽくなってしまうことがあります。これを模型用語で「カブリ」といいます。このような失敗を防ぐためにも、塗装は湿度の低い晴れた日に行ったほうがよいでしょう。

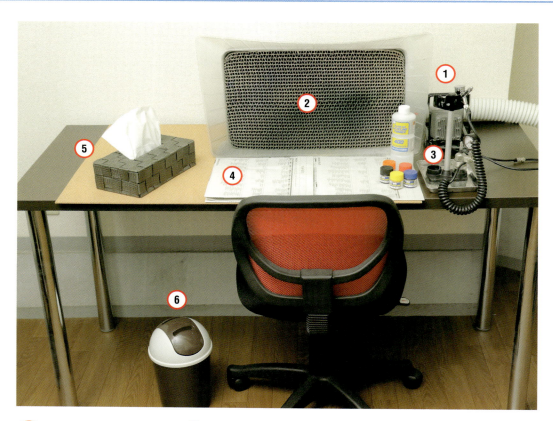

① コンプレッサー　② 塗装ブース　③ エアブラシスタンド
④ 新聞紙　⑤ ティッシュペーパー　⑥ ゴミ箱

プラモデルの基本テクニック

Lesson 1

プラモデル製作で必要な基本テクニックを解説します。パーツの切り取り方、パーツを組み合わせる時の接着剤の使い方などは、プラモデルの製作過程で必ず出てくる作業です。使用する道具や手順など、組み立て前に目を通しておけば製作がスムーズになります。予習もかねてしっかり確認しましょう。

基本テクニック——1
プラモデルの内容解説

Lesson 1-1

さぁ組み立てよう！　という気持ちをおさえて、一度キットの内容を確認しましょう。キットの中にはたくさんのパーツがついたランナーやシールのようなデカール、そしてマニュアル(説明書)が入っています。パーツがそろっているか、破損はないかなどの確認も、組み立て前に行っておくといいですよ。
組み立てる前によくマニュアルを読み込み、組み立ての流れをイメージしておきましょう。

●ランナーの名称

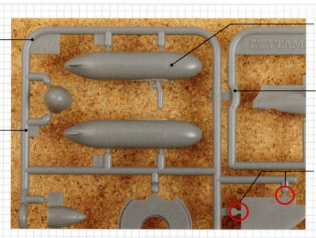

①ランナータグ
A、B、Cなどのアルファベットで、ランナー名をあらわしている。写真はDランナーとなる。

②ナンバータグ
パーツひとつひとつに割り振られた番号。同じ番号のパーツが何個もある場合があるので注意。このパーツは「3」となる。

③パーツ
プラモデルを構成する部品。このパーツは「D2」となる。

④ランナー
パーツの周囲にある棒状の枠。プラモデル製造時、この部分をプラスチックが通りパーツを成型する。

⑤ゲート
ランナーとパーツをつなぐ細い部分。この部分をニッパーで切り放してパーツを取り外す。

1　マニュアルをチェックする
組み立てる前にマニュアルをチェックし、組み立て手順を把握すること。工具や塗料など、何が必要になるかも事前によく確認する。

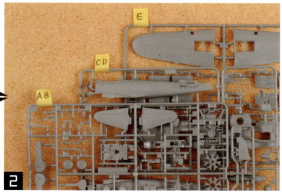

2　ランナーにタグをつける
組み立て中に必要なランナーを探す手間を省くため、フセンやテープに大きくアルファベットを書いて貼っておくとよい。

Lesson 1-2
基本テクニック――2
パーツの切り離し方

ランナーからパーツを切り離しましょう。使うのはニッパーという道具です。ニッパーは模型専用の切れ味のよいものを使うとゲートも切りやすく、パーツも傷つけることなくきれいに切り取ることができます。切り離し作業はうまく組み立てるための第一歩。丁寧に行うことでその後の作業がラクになりますし、完成後の見栄えもグンとよくなります。単純な基本作業こそ模型製作では大切！ 慌てず丁寧な作業を心がけましょう。

［パーツを切り離す］
ニッパーを使ってランナーからパーツを切り離します。とにかくパーツを傷つけないよう丁寧に切り離すことを心がけましょう。

1 ニッパーをパーツから離して切る
まずパーツの形状をよく確認。ニッパーはランナーの下側から差し込むとゲートなどが見やすい。ニッパーの刃の平らなほうをパーツに向ける。

2 ゲートを少し残した状態
ゲートを残して切り離したパーツ。この後ゲート処理を行うので、ゲートはどんなに大きく残したとしても問題はない。

注意！ パーツぎりぎりで切ってはダメ！
ニッパーでパーツぎりぎりのところを切ると、パーツをえぐったりして傷つけてしまう。

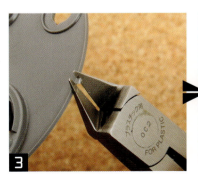

3 ゲートをニッパーで切る
ニッパーの平らなほうをパーツに向け、今度はパーツのギリギリのところで切り取る。とにかくパーツをえぐらないように注意すること。

軽く削るように！

4 デザインナイフなどでゲート処理
パーツを指で触ってみて、まだチクチクすると感じたら、ナイフやカッターでゲートを削る。表面を軽く削るような感じ。

5 ヤスリで仕上げる
仕上げに紙ヤスリの600番か800番で削る。削りすぎてパーツがへこまないよう注意。

基本テクニック —— 3
合わせ目消し

Lesson 1-3

プラモデルは細かなパーツをいくつも組み合わせて完成させるため、どうしても合わせ目ができてしまう場所があります。設計の工夫で見えにくい場所にあることもありますが、中には目立つ場所に合わせ目ができてしまうことも…。
合わせ目は実物にはないものですから、そのままにするとどうしてもリアルさが損なわれてしまいます。確実に目に触れる場所だけでも消しておきましょう！

合わせ目を消す方法はふたつ。模型用のパテ（右）を使うか、パーツを接着する接着剤（左）のどちらかを使用する。

Before 合わせ目がはっきり見える

After 合わせ目が消えた！

合わせ目あり（左）となし（右）で仕上がりにグンと差が出る

戦車の砲身のように、かなり目立つ場所にできる合わせ目はしっかりと消しておきたい。合わせ目をしっかり消すことによって、リアリティはグンと増すことになるので、目立つ場所はとくに消しておこう。

合わせ目消し 1：パテ

模型用のパテはかなり柔らかい粘土のようなもの。乾燥には1日以上の時間はほしいところ。乾くと硬くなりますがプラスチックよりは柔らかくもろいため、ヤスリ掛けなどの整形には注意が必要です。

1 ツマヨウジでパテを取る

ツマヨウジのような細いもので、パテを少量ずつ取る。すぐに乾き出すので、大量に取らないよう注意。

2 合わせ目にパテを盛る

接着したパーツの合わせ目部分に少しずつパテを盛っていく。しっかり合わせ目に入るよう少し擦りつける感じで行うとよい。

注意！ 広範囲に盛りすぎないように！

合わせ目と関係ない場所にパテをつけると、モールドが消えてしまったりするので注意。

［合わせ目消し2：接着剤］

使用する接着剤は、プラモデル用接着剤の貼り合わせ用。これはプラスチックを溶かしてパーツとパーツを貼りつけるため、その性質を利用して合わせ目を消します。

1. 接着剤をたっぷりつける
パーツ接着時よりも、かなり多く接着剤をつけること。合わせ目消しの場合、接着剤のはみ出しはあまり気にする必要はない。

接着面が適度に溶けるまで1分ほど待つ！

2. 接着剤は両パーツに塗る
パーツとパーツが合わさる場所に、両パーツとも塗ること。すぐにパーツを貼り合わせずに、プラスチックが溶けるまでしばらく待つ。

3. パーツを合わせてギュッと押す
接着面が適度に溶けてからパーツを合わせると、合わせ目から溶けたプラスチックがムニュッとはみ出してくる。

4. くっつきが悪いところは接着剤を追加
くっつきが悪く、まだ合わせ目が見えるところがあったら、流し込み接着剤をすき間に流し込む。

5. クリップなどで固定して乾かす
すき間がまた開かないようクリップなどで固定する。乾くまで1日以上、できれば数日は乾燥させておきたい。

6. 乾燥後、紙ヤスリで削る
しっかり乾燥後、紙ヤスリの400番か600番で、はみ出したプラスチックを削っていく。

ワンポイントアドバイス

曲面パーツのやすり方と消えたモールドの復活法

丸みのある曲面パーツは、普通に紙ヤスリなどで削っていくとパーツが平らになってしまうので、曲面を意識してヤスリを当てることが大切。スポンジヤスリなどは、クッション性があって曲面にフィットするので使いやすいです。
また消えたモールドは、ナイフで丁寧に彫り直すと復活します。ここで失敗してもまたパテで埋め直すことができるので、あせらずゆっくりとやりましょう。

曲面パーツのやすり方
戦車の砲身のような曲面のある棒状のパーツは、紙ヤスリを巻きつけてやするのがやりやすい。

消えたモールドはナイフで復活
残っているモールドをたよりにナイフで消えた場所を復活させていく。一気にやらずに少しずつ彫っていこう。

Lesson 1　プラモデルの基本テクニック

Lesson 1-4
基本テクニック──4
ゲート・パーティングライン処理 [ナイフ使用]

プラモデルでは金型を合わせてパーツを成型するため、どうしても合わせ目ができてしまう場所があります。その金型の合わせ目に少しだけ流れ出したプラスチックのスジを、プラモデル用語で「パーティングライン」と呼びます。
合わせ目と同様に目立つ場所にパーティングラインがあると、やはりリアリティが失われますので、なるべく消しておきましょう！

［ゲート・パーティングラインを処理する］

パーティングラインと同様に、ゲートが残っているところもきれいに処理をすること。ここではデザインナイフを使った処理を紹介しますが、紙ヤスリを使っても同様にきれいに処理することができます。

ナイフを寝かせてパーツに当てる
ゲート処理の際、ナイフの刃はなるべくパーツと平行になるよう寝かせて当てること。この時、パーツを持つ手の指がナイフの刃の先に絶対にこないように！

注意！ パーツをえぐらないように！
ナイフの刃をパーツと平行にしないで立ててしまうと、刃がパーツに食い込みえぐってしまうことも。深くえぐると、パテなどで修復しなければならないので、刃の角度に気をつけてください。

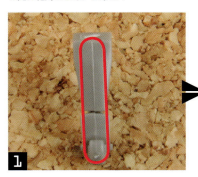

1 パーティングラインが目立つ
パーティングラインは、見えにくいところにあるものもあるが、たいていはパーツの中心にあることが多い。

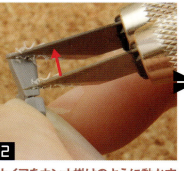

2 ナイフをカンナ掛けのように動かす
ナイフの刃をパーツにほぼ垂直にし、パーティングラインに直角に当てる。あとはカンナで削るような感覚でカリカリと刃を擦りつけて、パーティングラインを削り取っていく。

3 パーティングラインが消える
数回カンナ掛けをすると、たいていパーティングラインは消える。ただしやりすぎると、パーツの余分なところも削れてしまい、不自然に平らになってしまうので気をつける。

Lesson 1-5
基本テクニック——5
パーツの接着と修正

プラモデル用の接着剤は、のりや瞬間接着剤と違って、プラスチックを溶かしてパーツを接着します。間違って接着してしまうと、修復はなかなか難しい…。でも、大丈夫！失敗しない接着の仕方と、ちょっとしたミスのリカバリー方法を伝授します。
また、パーツを接着する通常の接着剤のほかに、サラサラとした流し込みの接着剤の使用方法も紹介します。

［パーツを接着する］

接着剤をパーツにつける時は、とにかくつけすぎに注意。接着が足らない場合の修正は簡単ですが、つけすぎの修正は大変です。広い場所にはベタッと塗らずに、点づけする感じで塗るといいですよ。

つけすぎた…　はみ出した…　指紋がついた…

対処法

紙ヤスリで修正する

接着剤がはみ出してしまったところや指紋などで汚してしまったところは、まずは1日以上おいて十分に乾かすこと。その後、紙ヤスリの600番あたりで丁寧にヤスリ掛けをする。汚した場所だけでなく、少し広くそのまわりもやするとよい。

小さなパーツは固定して接着剤を流し込む

小さいパーツに普通に接着剤をつけると、つけすぎることが多い。小さいパーツの場合は、パーツを接着場所に固定してから流し込み接着剤を流し込む。

パーツの裏から接着剤を流し込む

組み立てるとその面が見えなくなるパーツは、見えなくなる側(裏側)から流し込み接着剤で接着すれば、目に見える表側が汚れる心配は少ない。

Lesson 1　プラモデルの基本テクニック

Lesson 1-6

基本テクニック──6
金属ヤスリの使い方

硬い金属でできたヤスリです。金属部分が平らな「平ヤスリ」、丸い棒状の「丸ヤスリ」、かまぼこのような形の「半丸ヤスリ」など、さまざまな形状のヤスリがあります。パーツの形状に合わせて使い分けますが、一番使われるのは平ヤスリ。ここではその平ヤスリの使い方を勉強しましょう。金属ヤスリは紙ヤスリと違って硬いため、プラスチックをとても大きく削ってしまうので注意が必要です。また金属用や木工用は目が粗いため、必ず模型用の金属ヤスリを使用してください。

[金属ヤスリを使う] 金属ヤスリは、紙ヤスリと違ってよく削れるので、あまり力を入れすぎないようにしてください。ここでは定番アイテムの平ヤスリの基本的な使い方を紹介します。

前に押す時に削れる
金属ヤスリは、基本的に押した時に削れるようになっているので、ヤスリを押す時にパーツにぴったりくっつけて削る。

手前に引く時は離す
ヤスリを元に戻す時は、パーツから離した状態で手前に引く。

紙ヤスリで仕上げる
金属ヤスリの場合、パーツが粗く削れる場合があるので、紙ヤスリの800番などできれいに仕上げるとよい。

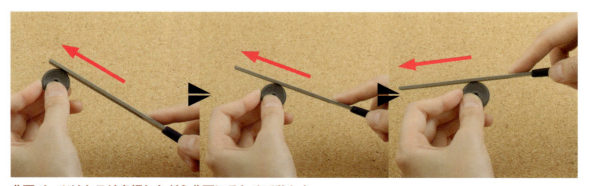

曲面パーツはヤスリを押しながら曲面にそわせて動かす
丸い曲面のあるパーツに普通に金属ヤスリを当てると、平らに削れてしまう。このような場合はヤスリを曲面に合わせて動かすとよい。ヤスリの長さを利用して、先端のほうからパーツの曲面にそって一押しで削るようにする。

基本テクニック——7
ピンバイスの使い方

Lesson 1-7

ピンバイスはパーツに穴を開ける道具。替刃式でいろいろな径または太さのドリル刃が用意されていますので、パーツに合わせて選択しましょう。ドリル刃の交換は、デザインナイフと同じように先端部分を回して取りつけますが、0.5ミリなどの細いドリルは折れないように注意してください。2ミリ以上の大きな穴を開ける時は、まず細いドリルで穴を開ける場所の中央にガイドを開けておくと、作業しやすくなりますよ。

［ピンバイスを使う］ドリル刃の取りつけ部分は、ドリル刃の径または太さによって使い分けるようになっています。先端のキャップを完全に外して取りつけ部を本体から外して裏返すと、違うサイズのドリル刃が使えるようになります。さらに後ろのグリップを取り外すと、また違うサイズの取りつけ部が収納されています。

使う前にドリル刃をセットする

まずは先端のキャップ部分を回してゆるめる。するとドリル刃の取りつける十字の切れ込みが開いていく。その開いた十字の中央に、使用するドリル刃を差し込む。この時、キャップをゆるめすぎていると、ドリルが中央からずれやすい。あとはキャップをしっかりと締める。しっかり締めないと、ドリル刃が空回りするので注意。

1 後端を手のひらに当てて持つ
ピンバイスの後端は回転するので、そこを手のひらに押し当てるようにして持つと扱いやすい。

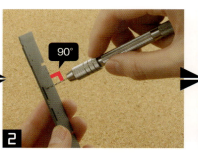

2 パーツに垂直に当てる
ドリル刃はパーツに垂直に当てるのが基本。二方向以上からドリル刃が垂直に当たっているか確認すること。

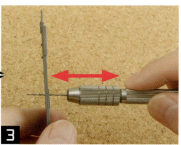

3 貫通したら左右にしごく
ドリル刃が貫通しただけでは、まだ穴はきれいに開いていない。ドリル刃を左右に軽く擦る（しごく）ようにして、穴を整形する。

基本テクニック──8
スミ入れの方法

パーツの表面には、さまざまなモールド(スジ彫り)があります。しかし、そのままではあまり目立ちません。そこで、そのモールドに暗い色の塗料を流し込んで浮き立たせる技法を「スミ入れ」といいます。スミ入れでモールドを強調することにより、一気にパーツの情報量が増え、よりリアルな仕上がりになっていきます。スミ入れをする・しないでは、でき上がりに大きく差が出ます。コツさえつかめば簡単にできますので、ぜひマスターしましょう。

スミ入れとは？

まずはスミ入れをするパーツの下地基本色を、ラッカーかアクリルの塗料で塗装しておく必要があります。そしてスミ入れはエナメル塗料で行うこと。そうすれば、後からスミ入れ塗料をふき取っても、下地の色が一緒にふき取られることはありません。エナメル塗料の特徴を活かして、スミ入れは何回も行うことができます。
またスミ入れ塗料の色は、スミ入れするパーツの色によって変えるとよいです。白地にはグレーのスミ入れ、濃い下地色には黒のスミ入れ、明るめの下地には茶色のスミ入れ…といった具合に使い分けるのがおすすめです。

スミ入れ専用の塗料も存在する。色も何色かあるので、パーツによって使い分けよう。

1 エナメル塗料を使う
基本的には、スミ入れはエナメル塗料を使う。ただし、エナメルで塗装した場所には使用できない。

2 溶剤で塗料を薄める
エナメル溶剤で塗料を4倍程度に薄める。筆塗りで塗装する時の濃度よりも、かなりバシャバシャに感じるまで薄めるとよい。

3 パーツに筆先を当てる
スミ入れ塗料に浸した筆先を「塗る」というよりは、パーツにポンッと置く感じで当てるとよい。

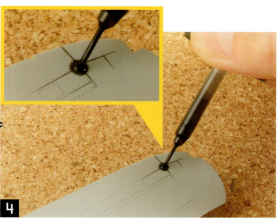

4 ミゾに塗料が流れていく
毛細管現象により、塗料がミゾを流れていく。塗料が濃いときれいに流れないので、濃い場合はさらに溶剤で薄めること。

5 ポイントを変えて数回に分ける
ミゾの交差しているところなど、モールドの多いところを中心に、ポンッポンッと何回かに分けてスミ入れをしていく。

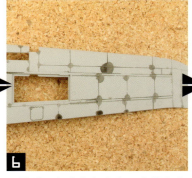

6 一通りスミ入れしたら一度乾かす
スミ入れが一通り終わったら乾かす。しっかり乾燥させないと、ふき取る時にミゾの塗料までふき取ってしまうことがある。

7 はみ出した部分をふく
エナメル溶剤を染み込ませた綿棒などで、はみ出した塗料をふいていく。あまり溶剤が多いと、ミゾの塗料も落としてしまうので注意。

スミ入れあり・なしの比較

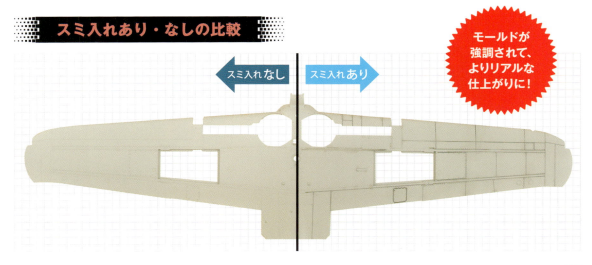

← スミ入れなし　スミ入れあり →

モールドが強調されて、よりリアルな仕上がりに！

Lesson 1 | プラモデルの基本テクニック

Lesson 1-9

基本テクニック——9
ウォッシングの方法

泥やサビ、雨風にさらされた汚れなどを再現する汚し塗装を「ウェザリング」といいます。ここでは、そのウェザリングの中の「ウォッシング」という技法を紹介します。薄めた暗い色の塗料で全体をバシャバシャと洗うように塗ることから「ウォッシング」と呼ばれています。ウォッシングを行うと一気に質感がリアルになりますので、ぜひ挑戦してみてください。

［ウォッシングをする］

塗料はスミ入れと同じエナメル塗料を使用します。色はウォッシングを行うキットの下地塗装に合わせて、ブラックやブラウンを調色して決めます。失敗しても修正可能なので思い切って行いましょう。

塗料：エナメルブラック・ブラウン
基本的に、ウォッシングもスミ入れと同じエナメル塗料を使う。スミ入れと同じく、エナメルで塗装した下地には行えない。

塗料を溶剤で薄める
スミ入れと同じくエナメル溶剤で4〜5倍に薄める。濃いよりは薄めすぎくらいのほうが扱いやすい。

スミ入れ塗料：ダークブラウン
スミ入れ塗料を使用しても、ウォッシングはできる。エナメル塗料ならば調色も可能。

1 塗料を全体に塗っていく
平筆を使って、模型全体に塗料を塗っていく。色ムラなどは気にせず、バシャバシャと全体を洗う気持ちで塗る。

2 少し乾かす
完全に乾燥させる必要はないが、軽く触れられる程度まで少し乾かしたほうが次の処理がやりやすい。

3 平筆・溶剤・塗料皿・ティッシュを用意

塗料を落としたキレイな状態の平筆とエナメル溶剤、塗料皿を用意。筆をふくためのティッシュも広げておく。

溶剤のふくませすぎに注意！

4 筆に溶剤をつける

塗料皿に出した溶剤を筆にふくませる。この時、あまりふくませないよう注意。ふくませすぎたらティッシュで筆をふくこと。

5 筆で塗料をふき取る

溶剤をふくませた筆で、ウォッシングした塗料をふき取る。いっぺんにふき取らずに、少しずつなでるように擦っていく。

👆 ワンポイントアドバイス

筆は重力の方向に動かす

基本的に汚れは上から下へ重力によって流れるので、筆も重力の方向を意識して上から下へ動かしましょう。流れる方向を決めたら、その一方向にだけ筆を動かすこと。横方向には動かさないようにしましょう。

要所要所で意図的に塗料を残すことで汚れのスジができる。パーツの形状から重力による汚れの流れを考え、どの部分に多く汚れを残すのか考える。

6 筆はつねにティッシュできれいにする

塗料をふくんだ汚れた筆でパーツを擦ると、いつまでも塗料が取れない。筆はティッシュでこまめにふくこと。

★ でき上がり

Lesson 1 ｜ プラモデルの基本テクニック

基本テクニック──10
デカールの貼り方

パーツやマニュアルなどと一緒に入っているシールのようなものを「デカール」と呼びます。デカールは水で貼りつける水転写式(みずてんしゃしき)のものが主流。注意書きや部隊章のような小さなもののほかに、カーモデルやバイクモデルではボディのデザインのような大きなものまでデカールで再現されていることがあります。
貼りつけの際に水を使うので、破れたりシワがよったりしないように丁寧に貼っていきましょう。

[デカールを貼る]

デカールは水につけると台紙からはがれ、のりの効果があらわれます。しかし長時間水に浸すと、のりがすべて溶け出してしまったり、乾いてしまうと貼れなくなるので、台紙からいっぺんに切り取らずにひとつずつ切り出して作業すること。

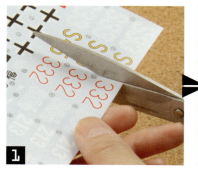

1 使うデカールを切り取る

台紙から使うデカールだけを切り取る。デカールを示す番号もデカールなので、この時に切り離そう。

2 デカールを水に浸す

切り出したデカールを水に浸す。はじめは水を弾いて浮くので、ピンセットなどで沈めるとよい。

3 ティッシュの上においてのりを溶かす

水に数秒沈めたら、すぐに水からティッシュの上に引き上げよう。水に長時間浸けるとのりが弱くなるので注意。

4 マークフィットを塗る

デカールを貼る場所に、デカールを柔らかくして密着力を高める効果のあるデカール軟化剤「マークフィット」を塗る。

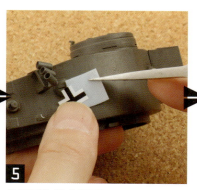

5 台紙ごと貼る場所へのせる

デカールを台紙からはがして貼るのではなく、台紙ごと貼る場所へ持っていき、デカールをスライドさせて台紙を抜き取る。

乾くと動かせなくなります！

6 乾かないうちに位置を決める

デカールが乾かないうちに、濡らした指や綿棒などで位置修正する。乾くと動かなくなるので、つねに濡らすこと。

7 綿棒で気泡を押し出す
デカールが乾かないうちに、デカール内にたまった気泡を押し出していく。デカールが動かないように気をつける。

ワンポイントアドバイス

綿棒は内から外へ動かす
綿棒はデカールが動かないよう、パーツの上を転がすように内から外へ動かす。綿棒が乾いているとデカールが綿棒に貼りつくので、あらかじめ水で少し濡らしておくこと。

8 凹凸部分はデカールが浮く
貼る場所に大きめの凹凸があるとデカールが浮いてしまうので、無理に擦らずにマークフィットを使う。

9 マークフィットを多めに塗る
凹凸の部分を中心に、マークフィットをデカールにたっぷりと塗る。このまま放置し続けると、デカールが変色する場合があるので注意。

10 綿棒を水で濡らす
乾いた綿棒で作業するとデカールが綿棒に貼りついてしまうので、必ず水で濡らしておくこと。

11 綿棒で上からおさえる
マークフィットを塗ってしばらくしたら、綿棒でデカールの凹凸部分を上からおさえるようにして密着させる。

★ でき上がり

Lesson 1　プラモデルの基本テクニック

41

基本テクニック―11
筆塗装

Lesson 1-11

プラモデルの塗装方法は大きく分けて、筆・缶スプレー・エアブラシの三種類があります。まずは一番手軽にできる筆塗装から挑戦してみましょう。
お手軽といっても筆塗装は奥が深く、極めるには練習あるのみです。上達すれば塗料の厚みや筆ムラをコントロールして、缶スプレーでは出ない味や深みも出すことができます。

[筆を使って塗装する]

一口に筆といってもさまざまな形のものがあります。基本的には細かな塗装は面相筆で、広い面の塗装は平筆を使って塗装します。塗装後は、筆を溶剤でよく洗うことを忘れずに。

塗料と溶剤の希釈率は 1：1
筆塗装の場合、塗料1に対して溶剤1で薄めるのが基本。もちろん塗料の状態や塗る場所によって調整する。

塗料の濃度は下地が少し透けるくらい
パーツに塗料を塗った時、パーツの色が少し透けるくらいがちょうどよい。パーツの色が一度で見えなくなる濃さだと、濃すぎなので注意。逆に薄すぎると、余計な場所に塗料が流れてしまったり、いつまでたっても塗装が終わらなくなってしまう。

1 一方向に塗っていく
塗る方向を決めたら、全体を一度、一方向にだけ塗っていく。筆を折り返して塗るのはNG。

2 乾いたら90度別の方向に塗る
よく乾かしたら、写真1の方向と直角に交わるように一方向へ塗っていく。よく乾いていないと、写真1の塗装がはがれてしまう。

3 2〜3回繰り返す
写真1〜2の工程を下地が見えなくなるまで2〜3回繰り返すと、筆ムラのないキレイな塗装面ができ上がる。

Lesson 1-12

基本テクニック──12
缶スプレー塗装

筆塗装では、広い面などをキレイに塗るのは大変です。でもエアブラシは高くて…とお考えの人におすすめなのが、缶スプレーです。缶スプレーはサッと出してパッと吹ける手軽さが魅力。好きな色に調色することはできませんが、各メーカーからいろいろな色が発売されています。同じパーツをいくつも塗らなければいけない時などは、缶スプレーならいっぺんに塗装することができるのでおすすめです。

[缶スプレーで塗装する] 缶スプレーは広範囲に塗料を吹きつけるため、塗料の飛び散りなどを考慮して塗装場所を選びましょう。窓を開けるなど、換気は必須です。できれば専用の塗装ブースなどの使用をおすすめします。

パーツとの距離は約15センチ
塗装するパーツとスプレー口の目安距離は約15センチ。塗装前に缶をよく振って、色の中身を攪拌しておくことも忘れずに。

パーツの手前から吹きはじめ、パーツをすぎてから吹き終わる
缶スプレーは、吹き始めと吹き終わりに、塗料の吹き出しが安定しない。その時に吹き出し先にパーツがあると、パーツの塗装が荒れてしまう恐れがあるので、吹き始めと終わりはパーツのないところで行う。

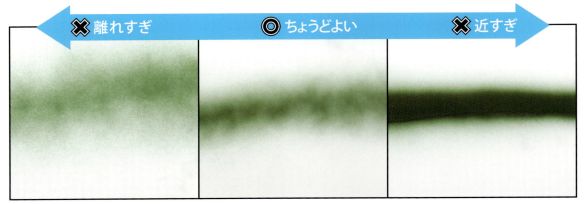

缶スプレーとパーツの距離感
パーツと缶スプレーが離れすぎていると、塗料が霧状に散ってしまい塗装面もザラザラになってしまう。逆に近すぎると、塗料が大量にパーツにかかってモールドが埋まり、下手をすると塗料が垂れてしまう。
適度な距離感がつかめるまで、写真のようにプラ板などを使って何度も練習することが大切！

基本テクニック──13〔エアブラシ①〕
塗装の準備

本書でのエアブラシ塗装は、色数が豊富で定着力の高い、ラッカー系塗料を使用します。エアブラシ塗装の前にまずは準備を行いましょう。塗装前の試し吹きの時、エアブラシと対象物の距離の把握や、塗装色の確認をしてください。
慣れないうちは、塗料の濃度調整やエアブラシのコツをつかむのに多少時間がかかるかもしれませんが、快適な塗装のためきっちりおさえておきましょう。

エアブラシ塗装の準備

まずは塗料をエアブラシ塗装に適した濃度に希釈します。希釈する時は専用のうすめ液を使います。買ったばかりの塗料や長時間放置した塗料は、色の成分（顔料）が沈殿していますので、専用のかき混ぜ棒「調色スティック」を使ってしっかり混ぜて使いましょう。

1 塗料をしっかり混ぜる
塗料のフタを開けたら、色の成分（顔料）が均一になるようによく混ぜる。調色スティックを使って、50回ほどかき混ぜる。

2 塗料を別容器に出す
ビンの塗料を紙コップや塗料皿などの別の容器に出して希釈する。塗料皿に出す塗料の量は500円玉1枚分くらいが目安。

3 うすめ液で塗料を薄める
Mr.カラー専用のうすめ液をスポイトで少しずつ加えて、濃度を調整する。塗料1に対してうすめ液3の割合で加える。

4 エアブラシのカップに塗料を注ぐ
うすめ液を加えた塗料を調色スティックでしっかり混ぜて、エアブラシのカップに注ぐ。カップに注ぐ塗料は3分の2くらいが目安。ぎりぎりまで注ぐと、フタをした時にこぼれてしまうので気をつける。

5 レギュレーターでエア圧を調整する

> エア圧は塗装の目的に合わせて0.08〜0.12MPaの間で調整しましょう

レギュレーター上部の圧力調整ノブを回して、コンプレッサーからエアブラシに送る空気を減圧し、エア圧を調整。エアブラシから空気だけを吹き出し、圧力計の目盛を確認しながら行う。

[テスト塗装する]

塗料の準備ができたら、紙や不要なランナーなどに向けて試し吹きをします。この時、塗料の濃度やエア圧は適正か確認します。エアブラシ塗装に慣れていない人は、テスト塗装の時間をしっかりとって、エアブラシをコントロールする練習をしておくとよいでしょう。

エア圧は0.10～0.12MPa、エアブラシと紙の距離は約8センチ

エア圧は0.05～0.08MPa、エアブラシはぎりぎりまで紙に近づけています

太めのラインで塗料の濃度や色を確認

まずは太めの線を塗装。紙に吹きつけた塗料の状態をよく見て、塗料の濃度や色の発色の具合を確認する。

細めのラインで対象物との距離感を確認

細めの線を塗装する時は、エア圧を低く設定して、塗料を少量吹き出すようにする。エアブラシと対象物との距離に注意。

[塗料の濃度]

塗料の濃度を確認しましょう。エアブラシに適した塗料の濃度は、塗料1に対してうすめ液2～3程度を加えた状態です。塗料が濃すぎると、エアブラシが詰まる原因になってしまいます。薄めすぎてもうまく塗装することができません。適正な濃度を心がけ、快適に塗装しましょう。

塗料1に対してうすめ液0

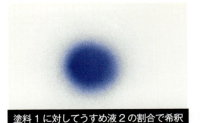

塗料1に対してうすめ液2の割合で希釈

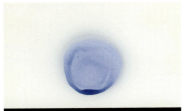

塗料1に対してうすめ液5の割合で希釈

塗料を薄めずに塗装した場合

塗料を薄めずに塗装すると、エアブラシが詰まり塗料が出てこない。または、クモの巣のような糸状になってしまう。

塗料の濃度：濃い

エアブラシで塗装するには塗料が濃い状態。噴射される塗料の粒子が粗くなり、塗装面がザラザラになってしまう。

塗料の濃度：薄い

塗料を希釈するといっても薄めすぎるのは逆効果。薄めすぎた塗料がパーツに定着せずに流れて、うまく塗装できない。

[塗料の濃度調整]

試し吹きをした時、塗料が濃かったり薄かったりした場合は、エアブラシのカップで調整しましょう。濃すぎる場合はうすめ液を少しずつ加え、薄すぎる場合は塗料を数滴加えます。濃度を調整したら必ず"うがい"（P49）をさせて、カップの中身をよくかき混ぜます。

濃い場合：うすめ液を加える

塗料が濃い場合はうすめ液を加える。うすめ液は一度に大量に加えるのではなく、スポイトを使って少しずつ加えて調整する。

薄い場合：塗料を数滴加える

塗料が薄すぎてうまく塗装できない時は、塗料を数滴加える。ビンから直接入れずに、調色スティックですくって1滴ずつ加える。

基本テクニック —— 13 〔エアブラシ②〕
塗装の手順

Lesson 1-13

エアブラシ塗装の手順を見ていきましょう。エアブラシ塗装は、薄めた塗料を何度も吹き重ねて発色させます。そのため、早く色をつけたいと塗料を大量に吹きつけると、塗料が流れてしまいます！　一度に色をつけようとせず、塗装と乾燥を繰り返して何度も色を重ねて少しずつ発色させていくことが、きれいに仕上げるポイントです。

●エアブラシ塗装の手順

塗りはじめはパーツのフチやミゾを塗装
エアブラシをパーツから3〜5センチ程度離して、細吹きで塗装する。最初に塗料ののりにくいパーツのフチや、奥まった部分を塗装。パーツのフチやミゾに細いラインがかけたら手を止める。この段階では下地が見えていても大丈夫。

塗装した部分を少しずつ塗り広げる
エアブラシをパーツから5〜8センチ程度離して、少しずつ塗り広げるイメージで塗装する。最後にエアブラシをパーツから10センチ程度離して、塗りムラを消すように上部や側面に2〜3回塗料を吹きつける。表面がツヤッと濡れたら手を止める。

ワンポイントアドバイス

塗装直前にパーツのホコリを取る

パーツについたホコリをそのままにして塗装すると、ホコリがついた部分が目立ってしまいます。塗装する前に、ハケや大きめの筆などでホコリを払っておきましょう。万が一ホコリがついてしまったら、紙ヤスリで削って修正します。

ハケを使ってホコリを払う。写真のハケは化粧ブラシ。

エアブラシの空気だけを吹きつけてホコリを飛ばす。

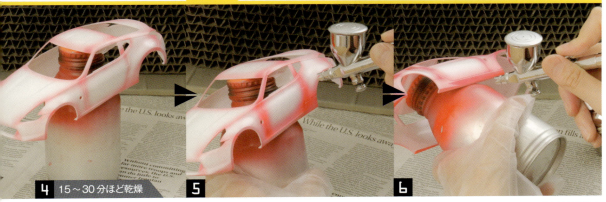

2回目

4 15〜30分ほど乾燥　**5**　**6**

1回目に塗装した部分を塗り広げる

1回目と同じく塗料ののりにくい部分、パーツのフチやミゾなどを塗装する。その後、1回目に塗装したところを少し塗り広げるようなイメージで塗装。1回目に塗装したラインが少し太くなったら手を止める。

4回目　**仕上げ**　**でき上がり**

10 30分ほど乾燥　**11** 30分〜1時間ほど乾燥　**12**

パーツ全体にふわっと吹きつけるように全体塗装

エアブラシをパーツから10センチ程度離して、パーツ全体に塗装して仕上げる。塗料を大量に吹きつけると塗料が流れてしまうので、少しずつ塗りムラを消すように意識して塗装するのがポイント。塗装後は塗りムラがないか確認する。

基本テクニック —— 13 〔エアブラシ③〕
メンテナンス

Lesson 1-13

エアブラシのメンテナンスの手順を解説します。エアブラシ塗装が終わったら、必ずエアブラシの内部を洗浄しましょう。エアブラシの洗浄には Mr. カラーうすめ液、またはツールクリーナーを使用します。洗浄をおこたってしまうと、エアブラシの内部で塗料が固まってしまい、故障の原因になります！ エアブラシは手入れをしっかりしておけば、10年、20年と使える道具。高価なアイテムだからこそ丁寧に手入れして長持ちさせましょう。

[エアブラシをメンテナンスする]

エアブラシ塗装の作業が終わったら、エアブラシ内部をうすめ液で洗浄しましょう。慣れれば10分程度でできる作業です。故障の原因をつくらないためにも、しっかり洗浄しておくことが大切です。

1 エアブラシのカップの塗料をカラにする

エアブラシのカップの中をカラにする。カップの中に残っている塗料は、塗料ビンやスペアボトルに出す。カップの底に残った塗料は、塗装ブースなどに向けて吹き出しておく。

※希釈した塗料を希釈していない塗料が入っている元のビンに戻してもOK！

2 カップの中に残った塗料をふく

エアブラシのカップの中にティッシュを押し込み、残った塗料をティッシュでふき取る。ティッシュの繊維が残ると詰まりの原因になるので、ティッシュを破らないように気をつける。

3 カップの約2/3までうすめ液を注ぐ

Mr. カラーうすめ液、またはツールクリーナーを、エアブラシのカップの3分の2くらいまで注ぐ。専用のボトルキャップやスポイトを使うと、うすめ液がこぼれにくいのでおすすめ。

注意！

エアブラシのニードル先端を曲げないように！

エアブラシのニードルの先端はとても繊細。ニードルが曲がると、塗料がまっすぐ飛ばなくなります。ノズルキャップ、ニードルキャップを外した時は、ニードルの先端を曲げないように十分注意しましょう。

ノズルキャップをゆるめる
エアブラシ先端のノズルキャップを1回転させてゆるめる。エアブラシのボタンを押しながら後ろに引いていくと、空気がカップに逆流する。これを模型用語で「うがい」という。

"うがい"でカップ内部を洗浄
エアブラシのボタンを押しながら後ろに引き、1〜2分程度うがいをする。うがいを行うことでエアブラシに残った塗料をカップに逆流させて、エアブラシの内部を洗浄する。

洗浄したうすめ液を吹き出す
ノズルキャップを元にもどして、カップの中のうすめ液をティッシュに向けて吹き出す。エアブラシのカップがカラになったら、新しいうすめ液を加えて再びうがいをする。

うすめ液が透明になるまで"うがい"を続ける
うすめ液に色がつかなくなるまで繰り返しうがいを行う。うがいの回数は2〜3回が目安。メタリックやパール塗料は粒子が残りやすいので、粒子がなくなるまで繰り返す。

通常メンテはここまでやれば大丈夫！

エアブラシのフタについた塗料をふく
うすめ液をしみこませたティッシュで、エアブラシのフタについた塗料をふき取る。エアブラシのフタのへこんでいる部分に残った塗料も丁寧にふき取る。

エアブラシ本体をふいたら終了
最後に、エアブラシ本体やカップの横についた塗料をティッシュでふき取る。次回使う時も気持ちよく使えるよう、丁寧にメンテナンスしよう。

Lesson 1-14

基本テクニック —— 14
完成品の収納方法

完成したプラモデルは、きっとあなたの宝物になっていることと思います。しかし完成品をそのまま置いておくと、すぐにホコリまみれになってしまいます。部屋に飾る際は展示用のケースを使うと、ホコリを防ぐことができます。大事な作品たちを守るためにも、しっかりと収納して保管しておきたいものですね。

［完成品を収納する］

ひと口に収納といってもさまざまな方法があります。完成品を入れるケースひとつとっても、専用の高価なものから100円ショップのお手軽なものまで活用できます。大切な作品だからこそ、ここは丁寧に保管したいところ。作品の出し入れのしやすさも重要です。

フタつきのケースが便利
作品を入れるケースはさまざまあるが、やはりフタつきのものが便利。出し入れしやすく、かつ重ねられるものが使いやすい。

緩衝材などで包む
作品は、気泡緩衝材（プチプチ）などの梱包用緩衝材で丁寧に包み込もう。包みモレは破損の元。

パーツを分解して収納する
作品によっては分解したほうが収納しやすく、壊れにくい場合がある。分解する時は作品の構造をよく考えること。

サイズによっては箱にしまえる
自動車模型のように、完成品サイズが部品の段階から大きく変わらないものは、そのままキットの箱に収納するのもよい。

注意！

ティッシュはホコリが出るので注意！
ティッシュは柔らかくてお手軽な緩衝材ですが、細かいホコリが出て作品を汚すのが難点。使用する際は注意が必要です。

長いキットは特殊なケースが必要
Lesson4の「大和」のようにとても細長い作品は、通常のケースでは入らないので模型用の特殊なケースを用意したい。

飛行機模型

▶使用キット：1/48 三菱　零式艦上戦闘機五二型(タミヤ)

Lesson 2

飛行機模型は大きくジェット機とプロペラ機とに分かれます。今回製作する「零戦」は、定期的に新作が発売される代表モデルといえるでしょう。1/48のスケールは、小さすぎず大きすぎず、まさにお手頃なサイズといえます。

先生

生徒

昔からキャラクター系のスナップフィットキットだけは、いくつも組み立てていた経験あり。しっかりした塗装や整形などは初体験だが、ニッパーやナイフなどの基本的なツールには慣れ親しんでいた。

Lesson 2

プロローグ
飛行機模型とは？

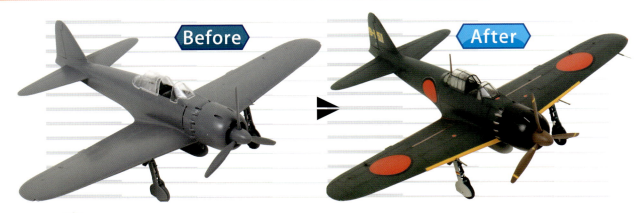

さぁ組み立てよう！ という気持ちをおさえて、一度キットの内容を確認しましょう。キットの中にはたくさんのパーツがついたランナーやシールのようなデカール、そしてマニュアル (説明書) があります。組み立てる前によくマニュアルを読み込み、組み立ての流れをイメージしておきましょう。またパーツがそろっているか、破損はないかなどの確認も、組み立て前に行っておくといいですよ。

おすすめのキット
- 1/72 零戦二一型（タミヤ）
- 1/72 F-22 ラプター（タミヤ）
- 1/72 F-15E ストライクイーグル（タミヤ）
- 1/48 F4U-1D コルセア（タミヤ）
- 1/48 フェアリーソードフィッシュ Mk.Ⅱ（タミヤ）
- 1/32 零戦 52 型丙（ハセガワ）
- 1/32 紫電改（ハセガワ）
- 1/144 救難飛行艇 US-2（フジミ）

飛行機模型は 1/72と1/48がメイン

飛行機模型の中心的なスケールとなっているのが、1/72 と 1/48。1/72 はお手頃な価格とサイズにより、数をそろえるコレクションに向いており、それより少し大きい 1/48 は、1/72 では再現しきれない細かな部分までも再現されています。

飛行機といっても戦闘機や輸送機、さらには旅客機までさまざまな種類が存在します。中でも一番人気なのは、やはり戦闘機でしょう。各社よりさまざまなアイテムが発売されており、ディティールアップパーツやデカールもいろいろと発売されています。

そんな戦闘機を大きく分けると、プロペラ機 (レシプロ機) とジェット機に分かれます。第一次大戦の複葉機から最新鋭のジェット戦闘機まで、種類も豊富。ジェット機に比べるとプロペラ機は小さいため、スケールとしては 1/48 がちょうどよいサイズになるかもしれません。

ほかに 1/32 などのビッグスケールも存在します。戦車模型よりも大きなサイズのためパーツも大きく、小スケールでは省略されていたような部分まで精密につくり込まれているのが特徴です。

また特殊なスケールとしては、バンダイのガンプラでおなじみの 1/144 や 1/200 スケールも存在します。前者は、輸送機や飛行艇のように大きな航空機にとってはお手頃サイズ、プロペラ戦闘機などの小型機は手のひらサイズになります。後者はおもに大型の旅客機が展開しているサイズで、国内外のエアラインの旅客機があります。

飛行機の種類で選ぶのもいいですが、つくりたいサイズで選ぶのもおもしろいかもしれません。

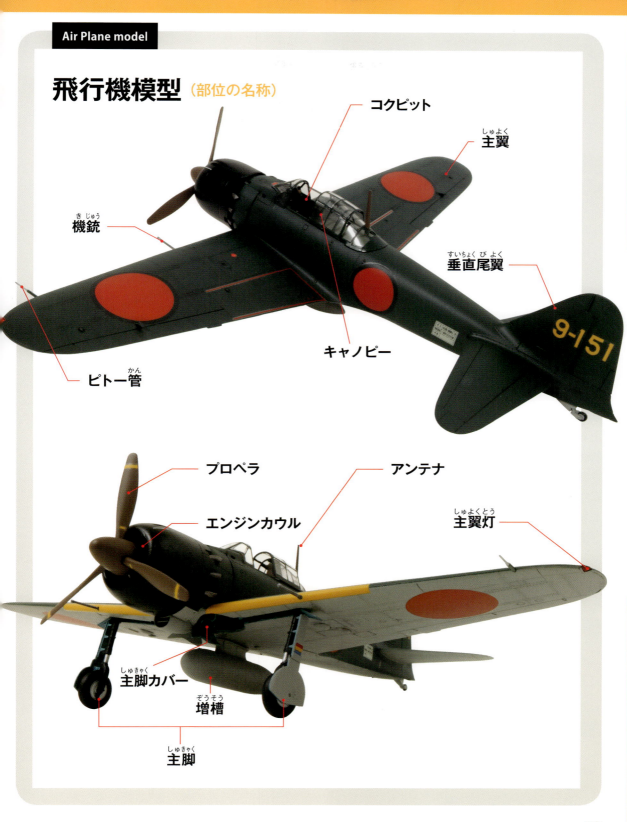

Lesson 2-1

[飛行機模型]
製作前に確認しておくこと

すぐに組み立てたい気持ちをおさえ、まずはマニュアルを確認しましょう。組み立ての順番やパーツの形状を確認しておけば、組み立ててから慌てることはなくなります。また製作するタイプによって使うパーツも違うので、そのあたりもよく確認してください。

はやる気持ちをおさえて、ここはガマンガマン。マニュアルを見ながら、いったん落ち着かないとですね！

MEMO
- 目安時間　作業1時間
- 難易度　やさしい
- 道具　ニッパー／ナイフ／マスキングテープ
- ★マニュアルとパーツをよく確認し仮組みをしよう！

使用キット

タミヤ 1/48 三菱 零式艦上戦闘機五二型

太平洋戦争中、日本海軍の主力戦闘機として活躍し続けたのが、零式艦上戦闘機、通称「零戦」です。1943(昭和18)年後半から投入され出した五二型は、速度と急降下能力が向上された反面、旋回性能と航続距離が低下しています。今回のキットではラバウル航空隊など、3つのタイプが作成できるようになっています。

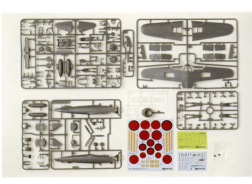

基本パーツは薄いグレー一色で、ランナーはA～Eまである。そのほか、クリアーパーツ(F)とポリキャップ、デカール、説明書が付属する。特殊なものとしてはキャノピー用のマスキングシールが付属している。

製作工程

飛行機模型は、はじめにコクピットからつくることが多いです。次に胴体の合わせ目消しですが、ここが最大の難所となります。塗装のポイントはマスキング。とくにキャノピーのマスキングには時間をかけたいです。

1日目
- コクピットの組み立て (P56)

2日目
- コクピットまわりのスミ入れ (P58)
- コクピットのデカール貼り (P59)

3日目
- 胴体の組み立て (P60)

4日目
- 主翼の組み立て (P62)
- 機体下面の塗装 (P63)

5日目
- マスキング (P64)
- 機体上面の塗装 (P66)

6日目
- エンジンまわりの塗装 (P68)
- 主脚・後輪・コクピットまわりの塗装 (P70)

7日目
- 機体のスミ入れ (P72)
- デカール貼り (P74)

8日目
- 機銃・ピトー管の塗装 (P76)
- キャノピーの取りつけとクリアーパーツ (P77)

マニュアルの確認

最初に必ずしなければいけないのがマニュアルのチェック。コクピットを先に組むなどの飛行機模型ならではの手順があるので、組み立て前に把握しておきましょう。製作するタイプによって、取りつけるパーツを選択するところも多いです。翼の上下面のパーツや機銃、増槽もタイプによって変わってきます。さらに穴開けが必要な場合も。
また、デカールもタイプによって大きく違うので、事前にしっかりと確認しておくこと。

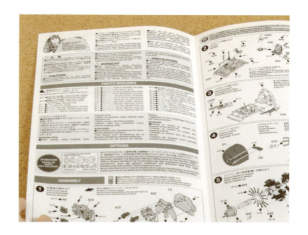

パーツの確認

マニュアル確認後は、パーツを実際に見て確認しましょう。平面のマニュアルと実際のパーツとでは若干イメージが違うので、パーツを確認しながら立体的なイメージをつくっておくとよいでしょう。
その際に気をつけたいのはキャノピーなどのクリアーパーツ。傷つきやすいので、保管には注意しましょう。キャノピー以外にも、照準器などのパーツもクリアーパーツなので見落とさないように。ポリキャップも小さいのでなくさないようにしましょう。デカールは日の丸などの大きなもののほかに、コクピットなどに使う小さなものもあるので、これらも確認しておきましょう。

仮組み

マニュアルやパーツの確認だけでは、把握しきれないところもあると思います。実際に組み立てはじめると、パーツが合わなかったり、はめづらいなどの不具合が出ることも多いです。
そんな事態を避けるためにも、事前に接着剤を使わない仮組みをしておきましょう。とくに胴体と主翼の取りつけは、念入りに確認しておいたほうがよいです。機体前面あたりのパーツも、一度は仮組みしておいたほうがよいと思います。

Lesson 2-2

コクピットの組み立て

さぁそれでは零戦の組み立てをはじめましょう！ まず組み立てるのはコクピットです。飛行機模型は基本的に、胴体にコクピットを取りつけてしまうと、コクピットの塗装が非常に難しくなってしまいます。ですからコクピットを先に組み立てて塗装を済ませてから、胴体に取りつけるようにしましょう。

コクピットの壁面など、後で塗るのは不可能なんですね。機体後方も忘れないようにしないと。

MEMO

- 目安時間　作業1時間／塗装3時間／乾燥1日以上
- 難易度　ふつう
- 道具　ニッパー／ナイフ／紙ヤスリ／接着剤／塗料／溶剤／塗料皿／筆

★換気には十分気をつける！

［コクピットを組み立てる］

最初に組み立てるのはコクピットまわり。細かなパーツが多いので、注意して組み立てましょう。とくに操縦桿（そうじゅうかん）などの細いパーツを折らないように。また塗装することをふまえて、どこまで組み立てるのかをあらかじめ考えてから作業しましょう。

1　塗料：コクピット色
コクピット全体の基本塗装に使用するのは、タミヤアクリルの「XF-71 コックピット色（日本海軍）」。

2　コクピットを組む
コクピットを組み立てる。塗装のことを考えて、前面の計器板はまだ取りつけていない。シートも後づけにしてもよい。

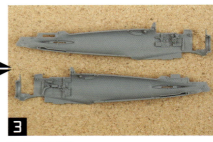

3　両側面を組む
コクピットまわりの機体側面の細かな部品も、塗装前にすべて組み立てておくこと。

［コクピットを塗装する］

まずコクピット色で、全体を一度塗装します。コクピットだけでなく、機体内部の側面や操縦席の後ろ側なども塗装するように。機体後方の後輪格納部なども忘れずに塗装しましょう。

1　コクピット色を全体に塗装
まずは基本となるコクピット色を、全体に塗装する。計器類など細かなパーツのすき間など、塗り残しのないように。

2　側面を塗装する
コクピットの側面も、全体的に塗装する。計器の下側などは凹凸が多いので、塗り残しができないよう注意したい。

3　機体後方も忘れずに塗装
機体後方の後輪の格納場所も、このタイミングで塗装しておくこと。機体を組み立てた後は塗装しにくい。

56　　**TECHNIQUE LINK**　｜　**P29**「パーツの切り離し方」　**P33**「パーツの接着と修正」　**P42**「筆塗装」

[コクピットの細かな塗装]

コクピット色での基本塗装が終わって十分に乾燥させたら、細かな塗装に入っていきましょう。使用する色数が多く、小さな計器類を細かく塗り分けていくため、マニュアルをよく見て丁寧に塗装していくこと。

1 使用する塗料は6色
「X-11 クロームシルバー」「X-18 セミグロスブラック」「XF-1 フラットブラック」「XF-7 フラットレッド」「XF-16 フラットアルミ」「XF-57 バフ」を使用。

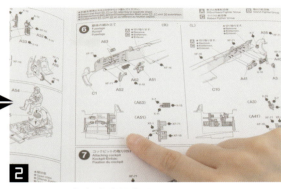

2 マニュアルをよく確認する
コクピットまわりの計器類の塗装は、細かくてわかりにくい。マニュアルをよく見て、どの塗料から塗装していくかなど、事前に計画を立てる。

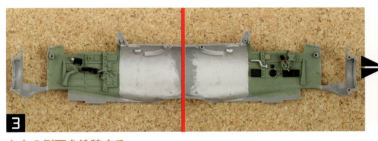

3 左右の側面を塗装する
コクピット左右の側面は、塗り分けが多くてわかりにくい。ひとつひとつ丁寧に塗装すること。後方のシルバー塗装も忘れずに。

4 赤い塗料を塗装する
レバーの取っ手などの小さな部品塗装は、塗るというよりも筆にふくませた塗料をポンッとおく感じで塗装するとよい。

コクピットまわりの細かな計器類の塗装が終了。組み立て後はのぞき込まないとほとんど見えない部分もあるが、ここは丁寧にしっかり塗装をしておきたいところ。

★ でき上がり

ワンポイントアドバイス

細かい部分塗装が多いがどこまでやるの？

コクピットまわりの塗装は細かな計器類が多く、やり出したらきりがないところもあります。組み立ててしまうと、最終的にはあまり見えなくなってしまう場所が多いのも正直なところ。でも、まったく塗装しないのもリアリティにかけてしまいます。すべて完全に塗装する必要はありませんが、目立つ計器板やコクピット側面の上方部分などは、塗装しておいたほうがよいでしょう。

Lesson 2　飛行機機型

Lesson 2-3 コクピットまわりのスミ入れ

コクピットの塗装が終わったら次はスミ入れです。これはモールドの奥まった部分などに暗い色を入れて陰影を再現し、リアル感をアップさせるプラモデル定番の技法です。機体にもほどこしますが、コクピットにも行えば効果は絶大です。

単調だったコクピットが一気に引き締まって、リアルでカッコよくなりますね！

MEMO
- 目安時間　塗装2時間／乾燥1時間
- 難易度　ふつう
- 道具　スミ入れ塗料／溶剤／綿棒

★スミ入れ塗料のふき取りすぎに注意！

［コクピットのスミ入れ］

コクピットまわりは細かなパーツやモールドが多いため、スミ入れには絶好のポイント。今回はブラックを使用しましたが、ダークブラウンを使用してもよい効果が得られるので、好みで選択してください。

1　スミ入れ塗料：ブラック
タミヤのスミ入れ塗料ブラックを使用。ダークブラウンを使用してもOK。

2　コクピットをスミ入れする
計器板はとくにスミ入れ効果が期待できる場所。後でデカールを貼るので、計器類を塗りつぶす必要はない。

3　側面のスミ入れ
機体の側面もスミ入れする。後でふき取ることを考え、やたらと塗りすぎて汚さないよう注意。

［スミ入れのふき取り］

ある程度スミ入れ塗料が乾いてから、エナメル溶剤で塗料をふき取ること。綿棒などに溶剤を染み込ませすぎると、塗料が一気に落ちてしまうので注意。少しずつ塗料を残し気味に落としていくのがコツです。

1　計器板のふき取り
綿棒などにエナメル塗料を含ませてスミ入れ塗料をふき取る。あまりゴシゴシ擦ると、綿棒の繊維がパーツに絡まるので注意。

2　側面部分をふき取る
側面も同じようにふき取る。もしふき取りすぎてしまったら、もう一度スミ入れ作業をすれば、何度でもやり直せる。

ふき取りすぎても修正可能です

スミ入れの完成。きれいにふき取るのではなく、奥まった部分など、影になるところになるべくスミを残すのがポイント。

★でき上がり

TECHNIQUE LINK　P36「スミ入れの方法」

Lesson 2-4 コクピットのデカール貼り

MEMO

- 目安時間 作業2時間
- 難易度 ふつう
- 道具 ハサミ／塗料皿／水／マークフィット

★デカールが小さいので丁寧に貼ろう！

コクピットの塗装、スミ入れと済んだら、最後はデカールを貼って仕上げましょう。細かな計器類を塗装で再現するのはむずかしいですが、デカールを貼れば簡単にメーターの針まで再現できてしまいます。ただ、計器類の細かな凹凸に貼るには少しコツが必要なので、デカールを破らないように慎重にいきましょう。

細かいシールですね…。水を使うのも、慣れないと扱いにくいので、ここは慎重に、慎重に貼らないと…。

コクピットのデカール貼り

コクピットに使用するデカールは、ほとんど計器類のため細かなものが多いです。ここはいっぺんに貼ろうとせず、マニュアルをよく確認して、ひとつひとつ丁寧に貼っていきましょう。

1 デカールをひとつずつ切り取る
細かなデカールはいっぺんに切り取らず、貼る分だけをその都度ひとつずつ切り取ること。

2 マークフィットを塗る
デカールを水に浸したら、貼る場所に先にマークフィットをたっぷりと塗っておく。

パーツに持ち手をつけてもOK

3 デカールを貼る
マークフィットを塗った場所に、ピンセットでデカールを貼りつける。デカールを折ったり破ったりしないよう丁寧に作業しよう。

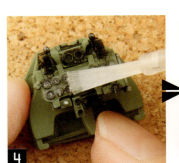

4 デカールの上から塗る
ある程度デカールの位置が決まったら、その上からさらにマークフィットを塗る。

綿棒は側面を当てます

5 綿棒でしっかりおさえる
水で濡らした綿棒をコロコロ転がすようにして、デカールを密着させる。あまり強くおさえると、デカールがはがれたり破れるので注意。

デカールを貼ったパーツ。細かなデカールが多くて大変だが、そのリアリティー効果は一目瞭然。

★でき上がり

TECHNIQUE LINK P40「デカールの貼り方」

Lesson 2-5 胴体の組み立て

コクピットまわりの組み立てと塗装が終わったら、次は胴体の組み立てに取りかかりましょう。零戦の機体は、他国の戦闘機に比べて細く美しいのが特徴です。その美しい機体を再現するためにも、中央にしっかりできてしまう合わせ目は、確実に消したいですね。

本当に零戦の機体はスマートでカッコイイですよね！ 合わせ目もスマートに消したいところです！

MEMO

- **目安時間** 作業3時間 乾燥2日以上
- **難易度** むずかしい
- **道具** ニッパー／ナイフ／接着剤／マスキングテープ／パテ／紙ヤスリ

★合わせ目消しの際にモールドを消さないように！

[胴体の切り取りと整形]

飛行機模型の胴体部分は、左右ふたつのパーツを貼り合わせてつくるものがほとんどです。そのため、必然的に合わせ目が目立つ位置に…。今回のキットは、コクピットより前面は別パーツにより合わせ目ができませんが、後方にはどうしてもできてしまいます。

1 アンダーゲート
胴体パーツのゲート位置は通常と違い、合わせ目の位置にゲートがくるアンダーゲートとなっている。

2 きれいに切り取る
アンダーゲートをきれいに整形しておかないと、パーツがきれいに合わないので注意。

ワンポイントアドバイス

ナイフでえぐるとすき間が開く
アンダーゲートでの処理中、ナイフでえぐってしまったり、ヤスリなどをかけすぎてしまったりすると、パーツを合わせた時にすき間が開いてしまうことがあります。その時は、すき間をパテで埋めて整形しましょう。

[胴体の接着]

今回のキットは、胴体の合わせ目ができる部分に近いところに、モールドが入っています。合わせ目消しのパテでそのモールドを消してしまわないよう、ここでは接着剤を使用。もちろんパテを使っても、丁寧に盛ることができれば問題ありません。

1 接着剤を両面に塗る
パーツの接着と違って合わせ目を消すのが目的なので、両方のパーツの接着面にたっぷりと接着剤を塗ること。

2 合わせてギュッと貼りつける
しばらく放置してプラスチックが溶け出したら、パーツを貼り合わせてギュッと指でおさえつけて、溶けたプラスチックをはみ出させる。

3 下面も確認する
胴体の上面だけでなく、下面も合わせ目を確認する。接着剤のはみ出しのほか、パーツのズレがないかも確認すること。

TECHNIQUE LINK | P30「合わせ目消し」 P32「ゲート・パーティングライン処理」 P33「パーツの接着と修正」

[機首の組み立て]

胴体の接着剤が乾燥してから、機首部分の組み立てに取りかかります。コクピットの前部分は、上面と左右の3つのパーツで構成されています。すぐに接着はせず、一度仮組みをして、パーツの取りつけ位置を確認しておきましょう。

1 フロントの組み立て
まずはコクピット前の上面部分を取りつける。奥まできっちりとはめ込むようにすること。

2 サイドパーツにすき間が開く
次にサイドのパーツを取りつける。写真のようにすき間が開いてしまうが、そういう設計なので安心してほしい。

3 マスキングテープでとめる
しっかりと3つのパーツを接着したら、乾燥するまでマスキングテープでズレないようにとめておくとよい。

[合わせ目消しとモールドの復活]

胴体の合わせ目を消す際に、どんなに慎重に作業しても消えてしまうモールドがあります。ある程度のものであれば、ナイフで復活させることができるのでご安心を。

1 合わせ目を紙ヤスリで整形
乾燥して硬くなっているはみ出したプラスチックを、紙ヤスリの400～600番あたりで整形する。

2 消えたモールドはナイフで復活
合わせ目と一緒に消してしまったモールドは、ナイフで線をなぞるように何回か切り込むと復活させることができる。

[コクピットを組み込む]

胴体の組み立てと整形が終わったら、先につくっておいたコクピットを取りつけましょう。この時、胴体の接着が完全に乾いていないと、胴体が割れてはがれたり、パーツが取れたりしてしまうので注意。

キットによりはめ方が違うのでマニュアルを確認

1 下からコクピットを差し込む
今回のキットは、胴体の接着の時にコクピットをはさみ込む必要はなく、写真のように後から差し込むことができる。

2 ピッタリとはまればOK
正しい位置にはめこめば、コクピットはピッタリと胴体にはまる。位置が決まってから流し込み接着剤で接着しよう。

コクピットの取りつけ完了。接着剤が乾くまで、コクピットもマスキングテープで固定しておくとよい。

★ でき上がり

Lesson 2　飛行機模型

Lesson 2-6

主翼の組み立て

さぁ続いて主翼の組み立てに入りましょう。零戦のパーツの中では、主翼が一番大きな面積をしめます。一番注目される、まさに顔といってもいい部分です。表と裏でガラッと表情が違うのも特徴ですね。作成するタイプによってパーツを選択するところもあるので、間違えないようにしましょう。

胴体もそうだったけど、主翼もシャープでカッコイイですね！ 飛行機をつくってる実感がわいてきました！

MEMO

- 目安時間　作業2時間
- 難易度　ふつう
- 道具　ニッパー／ナイフ／紙ヤスリ／接着剤／ピンセット／塗料／溶剤／塗料皿／筆

★細かなパーツをなくさないように！

主翼を組み立てる

タイプによって使用するパーツが異なるので、もう一度マニュアルをよく確認すること。細かいパーツもあるので、破損はもちろんのこと、落としたりして紛失しないよう注意しましょう。

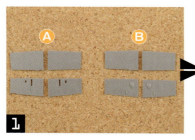

1 パーツを選択する

主翼の上下面ともに、製作するタイプによって異なるパーツがあるので注意。今回はBパターンを選択。

2 裏面にフラットアルミを塗装する

組み立ててしまうとほとんど見えないが、内側に「XF-16 フラットアルミ」を塗装する場所がある。

3 主脚カバーの取りつけ

主脚カバーなどの脚まわりのパーツも、この段階で組み立ててしまおう。細いパーツを折らないように注意。

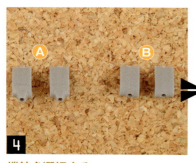

4 機銃を選択する

機銃取りつけ部分のパーツも、タイプによって2パターンのパーツがあるので、間違えないように注意する。今回はBパターンを選択。

5 翼端部品の取りつけ

主翼上面に取りつける翼端部品は、かなり小さい。ピンセットと流し込み接着剤を使用して、慎重に取りつけよう。

6 胴体に主翼を取りつける

完成した主翼と胴体を接着する。接着剤が乾燥するまでは、マスキングテープで固定しておく。

TECHNIQUE LINK　P33「パーツの接着と修正」　P42「筆塗装」

Lesson 2-7 機体下面の塗装

今回の零戦は、基本的に機体の上面と下面でまったく異なる色で塗装されています。こうしたまったく異なる色を塗装する場合、基本的に明るい色から塗装していくことになります。今回のキットは上面が暗緑色、下面が明灰白色なので、下面から塗装していきましょう。

ついに塗装ですね！　なんか緊張してきました…。

MEMO

- 目安時間　作業 2 時間／塗装 1 時間／乾燥 1 日以上
- 難易度　ふつう
- 道具　ニッパー／ナイフ／接着剤／パテ／紙ヤスリ／持ち手用の缶・ビン／缶スプレー

★「少し乾かしてまた塗装」を忘れずに！

塗装前の準備

塗装は缶スプレーを使って一気に行うので、塗装前の下準備が大切。同色で塗装する細かなパーツなども一緒に塗装できるように、事前に組み立てて整形し、塗装用の持ち手をつけるなどしておきましょう。

1　後輪格納部分のマスキング
下面で唯一マスキングが必要な部分は、機体後方の後輪部分。小さなところだが、忘れないようにマスキングしよう。

2　主脚カバーを持ち手につける
主脚カバーなどは表面だけ塗装すればOK。割りばしなどに両面テープを貼り、そこにパーツを貼りつけるとよい。

3　パーツを持ち手につける
増槽や冷却空気取り入れ口なども同色で塗装するので、組み立てて合わせ目を消して整形し、持ち手につけておこう。

機体下面を塗装する

タミヤの缶スプレー「AS-2 明灰白色（日本海軍）」を使用して、機体下面をすべて塗装します。この時、増槽や主脚カバーも一緒に塗装すること。缶スプレー使用の際は、塗装する場所と換気には十分に気をつけましょう。

慌てていっぺんに塗装せずに「少し乾かしてまた塗装」を2〜3回繰り返すと、きれいに塗装することができる。

1　下面を塗装する
機体先端のエンジン取りつけ部分に持ち手をつけて、下面を一気に塗装しよう。

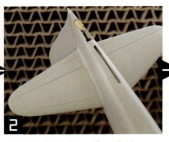

2　尾翼の裏も忘れずに塗装
下面や細かなパーツだけでなく、尾翼の裏側も同色になる。ここも忘れずにしっかり塗装しておくこと。

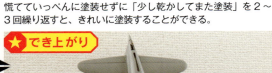

★ でき上がり

TECHNIQUE LINK　P43「缶スプレー塗装」　P64「マスキング」

Lesson 2-8 マスキング

下面に続いて上面の塗装に入りますが、その前にしっかりとマスキングをしなければならないところがあります。このマスキングをおろそかにすると、後で大変な目にあいますので注意しましょう。場所によっては簡単に修正できないこともあるので、マスキングは慎重にしっかり行いましょう！

プレッシャーですね…。マスキングは塗装後にはがしてみないと成功したかわからないのでドキドキします…。

MEMO
- 目安時間　作業3時間
- 難易度　むずかしい
- 道具　マスキングテープ／ナイフ／ピンセット／ティッシュペーパー／ツマヨウジ

★キャノピーのマスキングは時間をかけて丁寧に！

［コクピットのマスキング］

まずはコクピットに塗料が吹き込まないようにマスキングします。せっかく細かく丁寧に塗装したコクピットが台なしにならないように、しっかりとマスキングして保護しましょう。

1　コクピット壁面
コクピットの左右壁面を、マスキングテープを貼って保護する。前後も同様にマスキングする。

2　コクピットにティッシュペーパーを詰める
コクピットまわりにマスキングテープを貼ったら、中央部分はティッシュペーパーを詰めて完全にコクピットを埋めてしまおう。

3　コクピットを完全に隠す
コクピットが完全に隠れた状態。少しのすき間でもあると塗料が吹き込むので、しっかり確認すること。

［機体下面のマスキング］

P63で塗装した機体の下面部分を、しっかりとテープでマスキングする。とくに機体後方の胴体下面部分のマスキングは、マニュアルをよく見て慎重に位置を決めたい。

1　翼から尾翼へマスキング
主翼後方から機体後方へかけてのマスキングは、マスキングテープを切らずに一本で行ったほうがきれいに仕上がる。

2　尾翼下面のマスキング
忘れがちなのが、尾翼下面のマスキング。機体とのつけ根部分はとくに丁寧にマスキングすること。

3　下面全体をマスキング
細かなところのマスキングが終わったら、残りの部分は太めのマスキングテープで一気にマスキングしてしまおう。

［キャノピーのマスキング］

零戦のマスキングの中で最重要かつ最難関なのが、キャノピーのマスキング。今回のキットはキャノピー用のマスキングシールが入っているので、慎重に行えば初心者にも十分できる工程となっています。

1　キャノピー用マスキングシール
今回のキットには、キャノピーにぴったりと合う専用のマスキングシールがついている。ただし一枚しかないので慎重に。

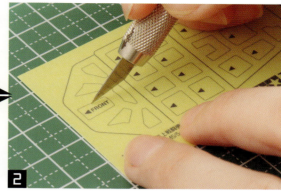

2　一枚一枚ていねいに切り取る
デザインナイフを使用して、慎重かつ丁寧に切り取ること。ナイフの刃は新品のものに取り換えておくとよい。

3　貼る方向を間違えないように気をつける
キャノピーの形は真四角ではなく前後がある。マスキングシールにはしっかりと前後の向きが書いてあるので、向きを確認して貼りつけること。

空気を抜くように擦ります

4　ツマヨウジなどで擦る
マスキングテープを貼っただけでは塗料が入り込む恐れがあるので、シマヨウジなどでしっかり擦りつけること。

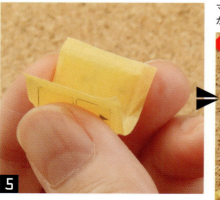

5　コクピット裏側もマスキング
塗装時、コクピット裏側に塗料が吹き込むことがあるので、内側の裏面もしっかりとマスキングしておくこと。

マスキングの完成。細かく大変な作業だが、ここの"デキ"が完成を左右するので、しっかりと丁寧にやっておきたい。

★でき上がり

Lesson 2　飛行機模型

Lesson 2-9 機体上面の塗装

マスキングも終わり、これでようやく上面の塗装にかかることができます。この上面の暗緑色を塗装すると、一気に零戦らしくなりますよ！ ただキャノピーも含めてマスキングの多い場所でもありますから、塗装中にマスキングをはがしてしまうことなどないよう慎重に塗装していきましょう。

まさに長く苦しかったマスキングの苦労がむくわれる瞬間ですね！　がんばります！

MEMO
- 目安時間：塗装3時間／乾燥2日以上
- 難易度：ふつう
- 道具：缶スプレー／塗料／溶剤／塗料皿／筆／持ち手用の缶・ビン／ツマヨウジ
- ★キャノピーの下地塗装を忘れないように！

[キャノピーの下地塗装]

暗緑色を一気に塗装したいところですが、その前にキャノピーの下地塗装をしておきましょう。この下地はキャノピーの裏から見た時に、外装の塗装であるはずの暗緑色が見えないようにするためのもの。

1 使用する塗料：X-18セミグロスブラック
ここはマニュアル通りのセミグロスブラックでなくとも、黒色ならば何でもよい。

2 キャノピーを筆で塗装する
あくまでも下地なので丁寧に塗装する必要はないが、ムラはなるべくないほうがよい。

3 下地塗装の完了
今回は筆で塗装したが、缶スプレーで一気に塗装してしまっても OK。

[上面塗装の準備]

上面を暗緑色で塗装する準備は完了ですが、もう一度しっかりマスキングできているかの確認をしておくこと。とくにマスキングしてから時間がたっている場合は、マスキングテープがはがれ出している危険があるので気をつけましょう。

1 使用する缶スプレー：AS-21 暗緑色2（日本海軍）
今回は写真の色を使ったが、暗緑色は何色か存在するので、自分の好みで選んで使用してもよい。

2 塗装前の状態
基本的にマスキングは下面に集中しているため、上から見るとほとんどマスキング部分が見えない。

TECHNIQUE LINK　P42「筆塗装」　P43「缶スプレー塗装」

[上面を塗装する]

機体下面にボトル缶などの持ち手をつけて、缶スプレーで塗装します。持ち手を取りつける時、せっかくほどこしたマスキングをはがしてしまわないように注意すること。もちろん塗装場所や換気にも十分な注意が必要。

1 上面の塗装
缶スプレーは、上方向から主翼だけを塗装するのではなく、横方向から機体側面もしっかりと塗装すること。

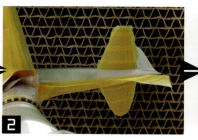

2 尾翼の下の塗り忘れに注意！
機体後方、尾翼の下部分を塗り忘れることが多い。しっかり下方向からも缶スプレーを吹くことを忘れずに。

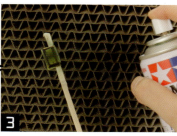

3 キャノピーの塗装
キャノピーもしっかりと塗装しよう。マスキングしているとはいえ、あまり裏面には吹き込まないようにしたほうがよい。

[マスキングをはがす]

一通り塗装が完了したら、マスキングをゆっくり丁寧にはがしていきましょう。この時、しっかりと乾燥していないと、塗料が一緒にはがれることがあるので、一日以上かけて乾燥させておくこと。

1 乾かしながら2～3回に分けて塗装
一気に塗装せず、乾燥と塗装を繰り返すこと。マスキングテープをはがす前はしっかりと乾燥させる。

2 マスキングを丁寧にはがす
緊張の瞬間。一気にはがしたい気持ちをおさえ、塗装を傷つけないようにゆっくり丁寧にはがすこと。

3 マスキングテープをはがした状態
マスキングをはがして塗装の完了。これで大きな基本塗装が終わり、あとは細かな塗装を残すのみ。

 ワンポイントアドバイス

キャノピーのはみ出しはツマヨウジなどで擦って修正

どんなに丁寧にマスキングをしていても、どうしても塗料ははみ出してしまうもの。そんな時はツマヨウジや筆の持ち手の先などで、削り取ってみましょう。金属などの硬いもので擦ると、キャノピーが傷ついてしまうので注意。
また溶剤などで塗料を落とすと、キャノピーを汚してしまう恐れがある上、せっかくの塗装部分が落ちてしまうこともあるので、おすすめしません。

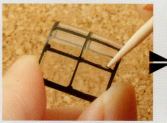

はみ出しはツマヨウジで擦る
少しずつあまり力をいれずに擦る。傷つけないように注意。

キャノピー塗装完了
キャノピーの塗装が完成。苦労がむくわれる瞬間でもある。

Lesson 2-10

エンジンまわりの塗装

続いてエンジンの組み立てと塗装を行っていきましょう。エンジンはカウルを取りつけてしまうと、正面の部分が少し見えるだけとなってしまうので、無理して細かく塗装をする必要はありません。ただ、今回のキットのエンジンは大変よくできているので、できるだけ細かく塗装してほしいですね。

小さいのに本当によくできていますよね！ あまり見えなくなってしまうのが残念ですが、ここはしっかりつくります！

MEMO
- 目安時間　塗装2時間　乾燥1日以上
- 難易度　ふつう
- 道具　塗料／溶剤／塗料皿／調色スティック／筆
- ★細かなパーツが多いので塗り忘れに注意！

[エンジンの塗装]　エンジンはほとんど見えなくなるので、割り切って前面の見えるところだけ塗装するという選択肢もあります。いろいろと凝って完成が遠のいてしまうよりは、うまい手の抜き方をして完成を目指すのも大事なこと。ただし、ドライブラシだけはしておいたほうがよいです。

1 使用する塗料は4色
「X-18 セミグロスブラック」「XF-16 フラットアルミ」「XF-7 フラットレッド」「XF-56 メタリックグレイ」の4色。

2 筆で塗装する
エンジン本体はセミグロスブラックを塗装した後に、フラットアルミを塗装したほうが塗りやすい。

3 エンジン本体の塗装完了
中心部分はパーツの接着面になるので、塗装しないように注意すること。

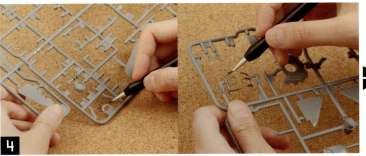

4 ランナーの状態で塗装できるパーツもある
エンジンのパイプや排気管などのパーツは、ランナーから切り離さずに塗装したほうがやりやすい。ここではメタリックグレイ5に対し、フラットレッド1を混ぜた色を塗装する。

5 持ち手をつけて塗装
ゲート処理などの関係で、ランナーから切り離さなければならない小さなパーツは、割りばしなどに両面テープで貼りつけて塗装する。

[エンジンカウルの塗装]

エンジンカウルは、零戦の顔でいうと鼻の部分。目立つ場所なので丁寧に塗装しましょう。どうしても筆ムラが出てしまう場合は、缶スプレーで塗装してしまうというのもひとつの手です。

1 カウル前面の合わせ目
少しだけ合わせ目ができる。ほとんど気にならない程度なので、消すか消さないかは好みのレベル。

2 カウルフラップの開閉選択
カウルフラップは、開閉の2パターンから選ぶことができる。これも好みで選択しよう。

3 塗装終了
黒色の塗装は、筆ムラやゴミなどの付着が目立つので注意。内側の接着部分には塗装しないようにしよう。

[エンジン先端部の塗装]

エンジン先端部分にあたるパーツをプロペラに取りつけると、かなりの部分が隠れてしまいます。しかし意外と明るい先端の場所なので、目立つといえば目立つパーツ。ここは手を抜かずに、丁寧に塗装しておきましょう。

1 塗料の調色
「XF-12 明灰白色」と「XF-23 ライトブルー」を混ぜた色で塗装する。

2 先端部の塗装
まずは調色した色で、先端部分全体を筆で塗ってしまおう。目立つ場所ではないので、多少の筆ムラは気にしなくてOK。

3 細かな部品の塗装
フラットアルミやメタリックグレイなどで、細かなパーツを塗っていく。持ち手をつけると塗装しやすい。

[ドライブラシ]

パーツのエッジ部分に、明るい色をのせてモールドを際立たせる、ドライブラシを行います。奥まった見えにくい場所なので、少しオーバー気味に色をのせてもよいでしょう。零戦でドライブラシを行う場所は、エンジン部分だけです。

1 シルバーでドライブラシ
エンジンの黒く塗装した部分に、ドライブラシする。塗料はシルバー系であれば何を使ってもよい。

2 ドライブラシ完了
好みによっては、もっと派手にシルバーをドライブラシしてみてもいいだろう。

 ワンポイントアドバイス

ウェザリングマスターを使う

タミヤのウェザリングマスターにはシルバーもあります。今回の金属部分には最適で、手軽にドライブラシを再現できるので、こちらを使ってもよいでしょう。

Lesson 2 ｜ 飛行機模型

Lesson 2-11

主脚・後輪・コクピットまわりの塗装

さぁ、ここからは残った細かな塗装を一気に仕上げていきましょう！ とくに主脚は意外と目立つ場所な上に塗り分けも多いので、丁寧に塗装して組み立ててください。ここを乗り越えれば塗装作業は終わりなのでがんばっていきましょう！

あぁ、苦労した塗装もようやく終わるんですね。最後まで気合入れてがんばります！

MEMO

- 目安時間　塗装3時間　乾燥1日以上
- 難易度　むずかしい
- 道具　塗料／溶剤／塗料皿／筆／持ち手

★細かなパーツはゆっくりと丁寧に塗装する！

主脚格納庫を塗装する

マニュアルでは、主脚格納庫の塗装はメタリックブルー＋クリアーグリーンを混ぜた色になっています。しかし今回は、調色の必要がない GSI クレオスの Mr. カラー「青竹色」を使用しました。この塗料は今までと違うラッカー塗料になります。

1　使用する塗料は5色
「Mr. カラー 57 青竹色」「X-11 クロームシルバー」「X-18 セミグロスブラック」「XF-1 フラットブラック」「XF-16 フラットアルミ」を使用。

2　筆を使って塗装する
青竹色を筆塗装する。この塗料はラッカー系なので、希釈には Mr. カラーうすめ液を使用すること。

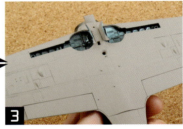

3　左右とも塗装する
左右の主脚格納庫も塗装する。はみ出して機体下面を汚さないように、慌てず丁寧に塗装していこう。

主脚を塗装する

主脚は完成後に意外と目立つ場所になります。細かな塗り分けも多いので、ここはしっかり塗装しましょう。また塗料は、タミヤのアクリル塗料と Mr. カラーのラッカー塗料を併用するので、それぞれの溶剤を間違えないように注意しましょう。

1　主脚カバーの塗装
P63で塗装しておいた主脚カバーの裏側を、青竹色で塗装する。主脚カバーは小さなパーツもあるので忘れないように。

2　主脚：シルバー部分の塗装
主脚の細かな塗装は主脚カバーと同時に、まず青竹色を塗装しておき、次にクロームシルバーを塗装する。

3　主脚：黒部分の塗装
細かな部分の塗装をしてから、最後にセミグロスブラックを塗装する。せっかく塗装したほかの場所に、塗料がはみ出さないように気をつける。

主脚・後輪の塗装

主脚のタイヤ部分と後輪のタイヤ部分を、フラットブラックで塗装します。セミグロスブラックと間違えないように注意。またタイヤ部分は、タミヤアクリル「XF-85 ラバーブラック」を使用しても、よいゴムの質感が表現できるのでおすすめです。

1 タイヤを塗装し主脚を組み立てる
主脚のタイヤの中央は、クロームシルバーで塗装。中央パーツは別パーツなので、塗装してからタイヤに組み込むと塗り分けがラク。

2 後輪まわりを塗装する
後輪のタイヤは小さい塗り分けなので慎重に行う。後輪近くの部品も黒の塗り分けがあるので忘れないように。

注意！ 主脚カバーの向きに気をつける！

主脚には左右があり、主脚カバーにも左右の違いがあります。パッと見てもあまり違いがないので、左右を間違えないようにマニュアルをよく見て確認しましょう。また主脚へカバーを取りつける接着部分が意外と小さいので、しっかり接着をしておかないとカバーが外れやすいので気をつけましょう。

コクピットまわりを塗装する

コクピットの前をセミグロスブラックで、後ろをコックピット色で塗り分けます。ここは筆で塗装しますが、あとでキャノピーを取りつけることによって塗装の境目は隠れてしまうので、あまり慎重に塗装しなくても大丈夫。

1 使用する塗料は2色
「X-18 セミグロスブラック」「XF-71 コックピット色」を使用。

2 コクピット前方を黒で塗装
コクピットの前部分をセミグロスブラックで塗装する。キャノピーを取りつけるので、あまり神経質に塗り分けなくてもよい。

3 コクピット後方をコックピット色で塗装
コクピットの後方は、コクピット内と同色のコックピット色で塗装しよう。ここもキャノピーがつくので気楽に塗装しよう。

照準・プロペラ・アンテナを塗装する

照準とプロペラとアンテナは、すべてレッドブラウンを使用するので、まとめて塗装します。照準はかなり小さく、しかもクリアーパーツなので、慎重に塗装しましょう。床などに落とすと探すのがかなり大変。箱の上などで塗装するのがおすすめです。

1 照準の塗装
照準はクリアーの部分を生かして塗り残す場所があるので、マニュアルをよく確認する。「XF-64 レッドブラウン」を使用。

2 プロペラの塗装
零戦の最先端に位置するプロペラはかなり目立つパーツ。作成するタイプによって塗料が異なるので、マニュアルをよく確認すること。

3 アンテナの塗装
アンテナは、機体に取りつける前に塗装しておくとよい。パイロットの後頭部にあたるクッション部分も、一緒に塗装してしまおう。

Lesson 2-12

機体のスミ入れ

一通りの塗装が済んだら、次はスミ入れの工程に入りましょう。このスミ入れをすると、隠れていたモールドが一気に顔を出し、抜群の効果を発揮します。飛行機模型だけでなくプラモデル全般に使われる定番の技法です。

MEMO
- 目安時間　作業3時間
- 難易度　ふつう
- 道具　スミ入れ塗料／溶剤／綿棒／ティッシュペーパー

★スミ入れ塗料のふき取りは丁寧に！

うわっ！　一気にカッコよくなりました！　スミ入れをするとしないとでは、仕上がりが段違いですね！！

［機体をスミ入れする］

飛行機模型の表面には、無数にモールドが彫られています。塗装しただけでは目立たないモールドを、スミ入れで一気に際立たせます。スミ入れは、モールドの多い飛行機模型には絶対に欠かせない技法です。

1　スミ入れ塗料：ブラック
スミ入れ塗料のブラックを使用。機体下面の灰色部分には、ダークブラウンを使用してもよいだろう。

2　機体下面のスミ入れ
機体下面の灰色はスミ入れが目立つ。はみ出した塗料も目立つので、塗料のはみ出しはできるだけおさえたいところ。

3　機体上面のスミ入れ
機体上面の緑色は濃い色なので、スミ入れがあまり目立たないが、見えないわけではないのでしっかりスミ入れしよう。

［スミ入れ塗料のふき取り］

スミ入れ塗料はエナメル系なので、綿棒にエナメル溶剤をしみ込ませて、余分な塗料をふき取っていきます。この時、溶剤を多くふくませてしまったり、綿棒を強く擦ったりすると、せっかくのスミ入れが全部取れてしまうので注意しましょう。

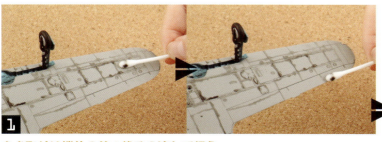

主翼の左半分がふき取り前、右半分がふき取り後となる。塗料を完全にふき取ってしまわないのがコツ。

1　ふき取りは機体の前➡後ろの流れで行う
スミ入れ塗料をふき取る時は、機体前方から後方へ流すように手を動かすこと。気流の流れる方向にふき取ることによって、少し残った塗料がよい具合にリアルな汚れとして残ることになる。

2 ふき取り前／ふき取り後

TECHNIQUE LINK　P36「スミ入れの方法」

機体上面・下面のスミ入れポイント

※ 実際のスミ入れは塗装後に行う

上面

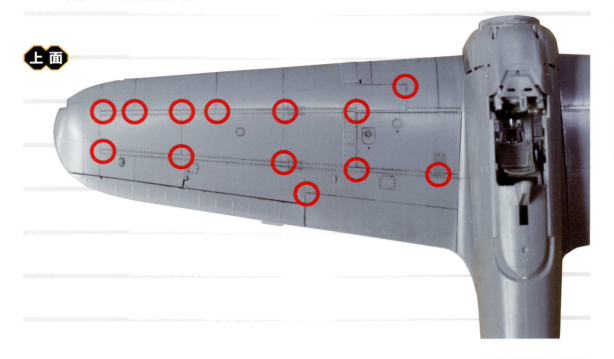

下面

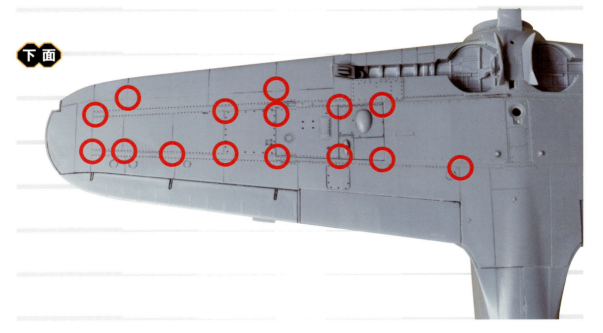

Lesson 2-13 デカール貼り

次はデカールを貼りましょう。零戦の特徴である大きな日の丸はもちろんのこと、機体番号など塗装ではなかなか再現することが難しいものが、簡単にできてしまいます。ただ貼るのに少しコツが必要なところもありますので、そのあたりを中心に解説したいと思います。

大きな日の丸が入ると、一気に零戦らしくなりますね！でも貼るのが難しそうなところもあって緊張します。

MEMO
- 目安時間 作業3時間
- 難易度 むずかしい
- 道具 ナイフ／ハサミ／ピンセット／マークフィット／塗料皿／水／ティッシュペーパー

★細かなデカールも忘れないように！

機体にデカールを貼る

基本的には、普通に貼ればいいデカールがほとんど。しかし主翼の一番目立つ日の丸の一部が、パーツの突き出した部分にかかってしまっています。さらに尾翼部分のデカールを貼る場所が、深いミゾを挟む形に。これらの対処法を詳しく説明していきます。

1 マークフィットを使う
デカールを貼る手助けになるのが、マークフィット。写真のもの以外にもいくつか出ているので、好みで選択するといい。

2 マークフィットを貼る場所に塗る
まずデカールを貼る場所にマークフィットをたっぷりと塗っておく。意外と弾くので、広範囲に塗っておこう。

3 デカールを貼ってなじませる
マークフィットで濡れている場所に、水で濡らして台紙から取り外したデカールを貼っていく。

凸部にデカールを貼る場合

凸部にデカールを貼る場合、マークフィットが必要不可欠です。マークフィットによって柔らかくなったデカールを、凸部に少しずつなじませていきます。あせるとデカールが破れてしまうので気をつけましょう。

1 凸部にマークフィットを塗る
デカールが浮いてしまっている部分にマークフィットを塗り、しばらく放置してデカールを柔らかくする。

2 綿棒の先で押しつける
水で濡らした綿棒の先で、凸部分にデカールを押しつけていく。様子を見ながら少しずつやさしく行おう。

3 凸部にデカールがフィット
様子を見てさらにマークフィットを塗り、綿棒で押しつけるのを繰り返すと、次第にデカールがフィットしていく。

TECHNIQUE LINK｜P40「デカールの貼り方」

[デカールの余白が目立つ場合] デカールには透明な余白部分が存在します。小さな余白は目立ちませんが、大きな余白は貼った後に目立つ場合も。余白部分が切り取れるのなら、できるだけ切り取っておいたほうが、仕上がりがきれいになります。

1 横長のデカールを前後半分に切る
横長で間に余白があるデカールは、前後を切り離すことによって余白部分を少なくすることができる。

2 数字のぎりぎりを切る
金定規を使用して、数字部分のぎりぎりで切り離そう。数字を切ってしまっては意味がないので無理はしないように。

3 半分だけ先に貼りもう半分も貼る
前後をいっぺんに貼らずに、まず前半分だけ先に貼ってしまおう。その後に、後ろ半分を前の数字の位置に合わせるように貼っていく。

そのまま貼ったデカール ／ 半分に切ってから貼ったデカール

余白が少ないほど、仕上がりがきれいになる
余白が少なければ少ないほど、仕上がりはきれいなる。また、この尾翼のように凹んだミゾなどを挟んでしまうと、デカールが浮いてしまい余計に余白が目立ってしまう。写真のように、ミゾの手前部分でデカールを切り離して余白を取り除くことにより、きれいに仕上げることができる。

 ワンポイントアドバイス

細かなデカールも忘れずに貼る
今回のキットには、主翼に貼る日の丸など大きなデカール以外に、細かなデカールがたくさん存在します。マニュアルをよく確認しながら貼り忘れのないようにしましょう。

尾翼下
胴体横の大きなデカールはわかりやすいが、尾翼の下部分に小さなデカールが存在する。

プロペラ
プロペラにもいくつかデカールを貼るところがある。黄色いラインだけでなく、中央の基部横にもデカールがあるので注意したい。

尾翼裏
尾翼裏にも小さなデカールが存在する。マニュアルをよく見て、デカールを貼る位置をしっかりと確認する。

Lesson 2 飛行機模型

Lesson 2-14

機銃・ピトー管の塗装

そろそろ仕上げ作業の段階に入ってきました。ここで機銃とピトー管の塗装と取りつけを行いましょう。このふたつのパーツは細くて翼から飛び出しているので、とても折れやすいです。完成直前に取りつけるほうがよいでしょう。

機銃を取りつける穴がデカールでふさがってしまうのでは？　と思っていたら、しっかり開いていて安心しました。

MEMO
- 目安時間　塗装2時間／乾燥2日以上
- 難易度　ふつう
- 道具　塗料／溶剤／塗料皿／筆／トップコート

★トップコートを吹きすぎて白くならないように！

機銃・ピトー管の塗装・取りつけ

機銃やピトー管は、塗装してから最後に取りつけるとよいです。接着剤はなるべく少量にして、はみ出さないように注意しましょう。細くてとても折れやすいパーツなので、作業は慎重に行うこと。折れた場合は接着剤で補修し、よく乾燥させてから再塗装します。

1 使用する塗料は3色
「X-11 ガンメタル」「X-11 クロームシルバー」「XF-11 暗緑色」を使用。

2 機銃の塗装・取りつけ
機銃を取りつける穴の部分のデカールには穴が開いている。その穴がズレて機銃が入りづらい場合は、ナイフで穴を開けよう。

3 ピトー管の塗装・取りつけ
ピトー管の先はシルバーだが、根元は機体と同じ暗緑色。缶スプレーを塗料皿などに吹いて、それを筆で取って塗ってもよい。

トップコートを吹く

トップコートは、ツヤを出したり消したりすることができる透明なクリアー塗料。今回は全体につや消しを吹いて、塗装を落ち着いた感じに仕上げました。デカール保護の役割もあります。

1 トップコート缶スプレー
GSI クレオスの水性トップコート。今回使用したのは「つや消し」。

2 トップコートを塗装する
ここまででき上がってくると、なかなか持ち手はつけられないので、新聞を敷いてその上に機体を置き、全体的にトップコートを吹きつけた。一度にたくさん吹くと揮発不良で白くなってしまうので、様子を見ながら2〜3回吹いていこう。裏面に吹くのも忘れずに。

Lesson 2-15

キャノピーの取りつけとクリアーパーツ

最後にキャノピーを取りつけましょう。キャノピーなどのクリアーパーツは、プラモデル用の接着剤や瞬間接着剤で取りつけるとパーツが白くなってしまいます。ここはクラフトボンドで取りつけるといいでしょう。取りつけたら、完成です！

ああ、もう感動です！ 自分でこんなにカッコよく零戦をつくることができるなんて信じられないです！

MEMO

- **目安時間** 作業4時間
- **難易度** ふつう
- **道具** ニッパー／ナイフ／塗料／溶剤／塗料皿／筆／クラフトボンド／ツマヨウジ

★クリアーパーツを汚さないように！

Lesson 2 飛行機模型

[キャノピーの取りつけ]

キャノピーやクリアーパーツは接着剤で取りつけると、パーツが白化してしまいます。紙などを貼るクラフトボンドは乾くと透明になるので、クリアーパーツを取りつけるのに向いています。

1 クラフトボンドを点づけする
接着面全体にボンドを塗る必要はない。ツマヨウジなどを使って点づけしていく程度で十分に固定できる。

2 キャノピーを取りつける
キャノピーは汚れたり割れたりするので、やさしく取りつけよう。クラフトボンドは接着剤と違い、固定されるまで少し時間がかかる。

注意！ 接着剤は使用不可！
クリアーパーツはプラモデル用の接着剤を使用すると、せっかくのクリアーパーツが白化してしまいます。瞬間接着剤も同じように白化してしまうので、こちらも使用してはいけません。

[主翼灯(クリアパーツ)の塗装・取りつけ]

クリアーパーツの塗装は通常の塗料ではなく、透明感のあるクリアー塗料で行います。通常の塗料とは少し扱い方が違うので気をつけましょう。もちろん、接着は通常の接着剤ではなく、クラフトボンドを使用。接着が弱めなので注意しましょう。

1 細かいパーツはランナーの状態で塗装
主翼灯のパーツはかなり小さいので、ランナーについたままで塗装する。塗料はクリアー塗料で行う。

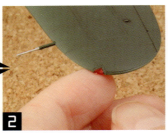

2 クリアパーツを取りつける
キャノピーと同じように接着剤ではなく、クラフトボンドを少しだけつけて取りつける。

ワンポイントアドバイス

クリアー塗料はよく乾かして重ね塗りする

クリアーパーツを塗装する時、クリアー塗料を使うことがよくありますが、クリアー塗料は普通の塗料に比べて、なかなか定着しないことがあります。またクリアー塗料を重ね塗りする際に、先に塗ったクリアー塗料をはがしてしまうことも。クリアー塗料はよく乾かすことが大事です。

 TECHNIQUE LINK　P42「筆塗装」

Completion

完成

タミヤ 1/48
三菱 零式艦上戦闘機五二型

零戦の特徴的な暗緑色と明灰白色の2色のコントラストを、缶スプレーでお手軽に再現。数あるバリエーションの中から、今回は比較的簡単な「ラバウル航空隊所属機」を作成しました。

風防を開けた状態で組み立てた場合は、コクピットがある程度は見える。とくに前面の計器盤は見栄えがハッキリとわかる場所でもある。スミ入れとデカールをしっかりと行えば、のぞき込まれても恥ずかしくないデキになる。マスキングシールを使った風防の塗装も、しっかり行わないとはみ出しが目立つので、きれいに仕上げよう。

プロペラは塗装だけでなく、黄色いラインのデカールがいいアクセントになっている。主翼前面の黄色いラインも、塗装ではなかなかきれいに発色させるのが難しいが、デカールなら手軽に美しく仕上げることができる。翼の裏とはいえ、主脚や増槽も目立つ場所。しっかりと成形して塗装しよう。主脚や格納庫の「青竹色」が機械らしさを演出してくれている。

カラーレシピ

タミヤ　缶スプレー
▷ AS-2 明灰白色（日本海軍）
▷ AS-21 暗緑色2（日本海軍）
★以下すべてタミヤのアクリル塗料

コクピット
▷ XF-71 コックピット色（日本海軍）
▷ X-7 レッド
▷ XF-1 フラットブラック
▷ X-18 セミグロスブラック
▷ XF-16 フラットアルミ　▷ XF-57 バフ

エンジン
▷ X-18 セミグロスブラック
▷ XF-16 フラットアルミ
▷ XF-12 明灰白色＋XF-23 ライトブルー（1:1）
▷ XF-56 メタリックグレイ＋XF-7 フラットレッド（5:1）

プロペラ・アンテナ
▷ XF-64 レッドブラウン

主脚
▷ X-11 クロームシルバー

▷ X-18 セミグロスブラック
▷ XF-1 フラットブラック
▷ XF-16 フラットアルミ
▷ Mr.カラー 57番　青竹色　※GSIクレオス

機銃
▷ X-10 ガンメタル

主翼灯
▷ X-25 クリアーグリーン　▷ X-27 クリアーレッド

GALLERY 1

Airplane model

写真(下)は「飛行機なので飛ばしてみたい！」ということで、屋外にて青空をバックに飛行中の感じを再現。太陽光により機体の質感がよりリアルに見えるようになります。写真(上)は少し低い位置から陰影を強調して撮影。

戦車模型

▶使用キット：1/35 ドイツ重戦車タイガーⅠ型 初期生産型（タミヤ）

Lesson 3

スケールモデルの中でも一番ファンが多いと思われるのは、この戦車模型ではないでしょうか。その中でも 1/35 スケールはアイテムも豊富で、さまざまなキットが発売されています。今回作成するタイガーⅠなどの第二次世界大戦のドイツ軍戦車は、一番人気のジャンルとなっています。

先生　　生徒

子どものころに一通りのスケールモデルを作成したことがあり、十数年ぶりにまた模型をつくろうと思い立った出戻り組。経験があるとはいえ、昔と違うキットとツール関係の進化に驚きを隠せないでいる。

Lesson 3

プロローグ

戦車模型とは？

Before / After

戦車模型は、古くからファンの多いスケールモデルの一大ジャンルです。製作も手軽に行えますし、塗装もつや消しや汚しが基本なので、エアブラシを使わずに筆や缶スプレーで簡単に行えます。またアイテムも豊富に発売されているので、ジオラマ(情景模型)などに挑戦するのにも向いているジャンルといえますね。

 おすすめのキット
- 1/35　キューベルワーゲン（タミヤ）
- 1/35　Ⅱ号戦車（タミヤ）
- 1/35　キングタイガー（タミヤ）
- 1/35　エレファント（タミヤ）
- 1/35　シャーマン イージーエイト（タミヤ）
- 1/35　陸上自衛隊10式戦車（タミヤ）

戦車模型は1/35がメイン

過去には1/25以上の大型スケールキットも各社から発売されていましたが、今ではあまり見ることはできません。現在主流となっているのは、やはり1/35スケールでしょう。以前はモーターや電池などを組み込んだ走行可能なモデルが主流でしたが、今では無可動のディスプレイ専用のモデルがほとんどとなっています。

1/35スケールは、本家のタミヤを中心に、国内だけでなく海外のメーカーからもさまざまな戦車モデルがリリースされています。バリエーションも豊富で、第二次大戦の戦車を中心に、第一次大戦から現用戦車まで幅広く各種発売されており、精密感を高めるオプションパーツなどさまざまなアイテムが展開されています。

中でも一番人気なのは、第二次大戦中の兵器。そのアイテム数はかなりの数にのぼります。特にデザイン性の高さから旧ドイツ兵器の人気は高く、各社からさまざまな戦車アイテムが発売されています。

また1/35は、戦車以外にもトラックやジープなどの非装甲車両(ソフトスキン)や火砲、兵隊の人形(フィギュア)やドラム缶などの小物類、さらには地面や建物など、周辺アイテムが非常に充実しているのも、大きな特徴となっています。

ほかに、1/72スケールなどのコンパクトなサイズのキットも発売されていますが、現在はやや寂しい展開となっています。

戦車模型は、人気アイテムになると複数のメーカーから同じものが発売されている場合があります。各メーカーの同じアイテムをつくり比べてみるのも、おもしろいかもしれません。

Lesson 3-1

[戦車模型]
製作前に確認しておくこと

さぁ、さっそく組み立てましょう！ といいたいところですが、その前にいろいろと準備が必要です。まずマニュアルやパーツをよく見て、組み立てていくイメージをすることが大切です。特に完成図を具体的にイメージしておくと、スムーズに組み立てられて時間短縮にもつながります。

MEMO
- 目安時間 作業1時間
- 難易度 やさしい
- 道具 ニッパー／ナイフ／マスキングテープ
- ★マニュアルとパーツをよく確認して仮組みをしよう！

なにごとも未来予想図は大切なんですね。カッコイイ戦車の完成図をイメージしてがんばります！

使用キット

タミヤ 1/35 ドイツ重戦車タイガーⅠ型 初期生産型

出現当時、最強といわれた重戦車で、破壊力の大きな88ミリ砲と重装甲で連合軍に恐れられていました。この初期生産型は、1942年末から1943年中頃にかけて生産されたタイプを再現。ヨーロッパではジャーマングレー色で、アフリカ戦線ではダークイエローで塗装されていました。また、白で塗装する冬季迷彩も再現できます。

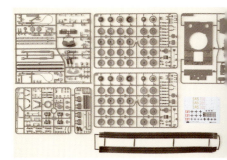

基本パーツはグレー色で、ランナーはA～Fまである。そのほかにはキャタピラと吸気パイプ、さらにデカールとマニュアルが存在する。製作するタイプによっては、使用しない不要部品も多いので注意しよう。

製作工程

前半は合わせ目消しから基本組み立てとなっています。缶スプレー塗装後は、できれば1～2日は乾燥時間をとりましょう。また、ウォッシングやウェザリングは1日で終えずに、納得がいくまでじっくりと何日もかけて行なってもいいでしょう。

1日目	2日目	3日目	4日目
●パーツの合わせ目消し (P86)	●転輪の組み立て (P88) ●車体の組み立て (P90)	●吸気パイプの取りつけ (P91) ●砲塔の組み立て (P92) ●キャタピラの組み立て (P93)	●缶スプレー塗装 (P94)

5日目	6日目	7日目	8日目
●装備品の塗装 (P96) ●転輪とキャタピラの塗装 (P97)	●ウォッシング (P98)	●デカール貼り (P99) ●キャタピラの取りつけ (P100) ●ドライブラシ (P101)	●ウェザリング (汚し塗装) と仕上げ (P102)

マニュアルの確認

はじめに必ずしておきたいことが、マニュアルチェック。すぐに組み立てたい気持ちはわかりますが、組み立ての流れを把握しないで組み出すのは危険です。下手をすると取りつけられなくなるパーツが出たり、塗装できなくなるパーツができたりする場合もあります。一度、最初から最後まで、頭の中である程度の組み立て工程イメージをつくっておくとよいでしょう。

また、作成するタイプによって使用するパーツも異なるので、組み立て前によく確認しておきましょう。

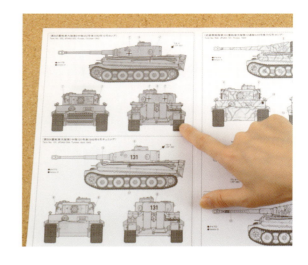

パーツの確認

マニュアルの確認をしたら、次はパーツを実際に見て、立体的なイメージの確認もしておきましょう。平面のマニュアルと実際のパーツとでは、若干イメージが違う場合も多いです。今回のキットの場合、プラスチックパーツのほかに、ビニール系のキャタピラや繊維系の吸気パイプなど、特殊な素材のパーツもあります。これらの素材のパーツは柔らかく、折り目などのクセがつくと直すのが困難なため、保管には十分注意しましょう。

仮組み

マニュアルやパーツの確認だけでは、どうしても把握しきれないところがあります。実際に組み立てはじめると、パーツがハメづらかったり、なかなか合わないものなど、思い通りにいかないということも多いです。そんなトラブルを事前に回避するためにも、仮組みをしておくとよいでしょう。今回のキットの場合、仮組みはあまり必要ありませんが、車体や砲塔などの大まかな仮組みは、事前にしておくことをおすすめします。

Lesson 3-2 パーツの合わせ目消し

まずは合わせ目消しからやっていきましょう。マニュアルの順番通りではありませんが、接着剤やパテを乾燥させる時間が必要なので、この工程を先に済ませてしまいます。自分の都合などに合わせて、組み立ての工程を入れ替えたりして上手に時間を使ってくださいね。

MEMO
- 目安時間 作業2時間／乾燥2日以上
- 難易度 ふつう
- 道具 接着剤／パテ／紙ヤスリ
- ★接着剤を使うかパテを使うかはどちらでもOK！

時間があまりない週末モデラーとしては、工程スケジュールがとても大切になってきますね！

[合わせ目消し]

今回のキットの合わせ目は、砲身以外はそんなに目立つものではありません。パテを使うか接着剤で合わせ目を消すかは、作業しやすいほうでかまいません。

合わせ目ができる箇所の確認
今回のキットの場合、合わせ目ができる場所は砲塔後ろ、砲身、キューポラ、エアクリーナーの4か所（部位はP83参照）。

キューポラの合わせ目消し
砲塔上面にある、搭乗ハッチの基部部分のキューポラの合わせ目付近にはモールドがあるので、消してしまわないよう注意。

砲塔後ろの合わせ目消し
砲塔も前後に合わせ目ができる。砲塔後ろの合わせ目はこの後、大きな格納ケースがつくので、ほとんど見えなくなる。

砲塔正面下の合わせ目消し
砲塔の正面も後方と同じように合わせ目ができるが、砲身の下に少し確認できる程度なので無理に消す必要はない。

86　TECHNIQUE LINK　P30「合わせ目消し」

砲身の合わせ目消し
砲身は戦車の顔ともいえる砲塔の中心。合わせ目は確実に消しておきたい。写真は接着したパーツの合わせ目にパテを塗った状態。

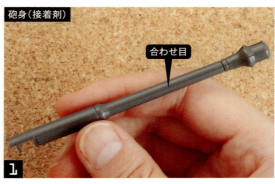

合わせ目がずれないように注意
接着剤で合わせ目消しをする場合、パーツとパーツがずれないように注意。砲身のようにミゾなどにモールドが入っていると、ズレが目立ちやすい。

クリップで固定する
接着剤を塗って合わせ目を消した後は、完全に乾くまで1日以上は乾燥させる。その際、パーツが離れて合わせ目が復活しないように、クリップなどで止めること。

ワンポイントアドバイス

合わせ目がずれてしまった！
接着剤が乾燥する前なら修正可能です。少しずつパーツを動かしながら、合わせ目をきっちり合わせてください。接着剤が乾燥すると、パーツをずらして元に戻すことは不可能です。

エアクリーナーの合わせ目
戦車後部にあるエアクリーナーは2タイプあるが、どちらもしっかり合わせ目ができてしまうので、ここもパテを塗ってしっかりと消しておきたい。

細かなモールドに注意
合わせ目消しで気をつけたいのは、ヤスリ掛け時に合わせ目と一緒に必要なモールドも消してしまうこと。ナイフや紙ヤスリを折って使うなどして、丁寧に作業しましょう。

Lesson 3-3

転輪の組み立て

合わせ目消しの下準備ができたら、本格的に組み立てに入っていきましょう。まずは転輪から組み立てます。転輪の数はとても多く単調な作業になりがちですが、心が折れないようテンションを保って組み立ててください。慣れてしまえば意外と早く完成しますよ。

転輪の数を最初に見た時は正直ひきましたが、完成した時の達成感は気持ちよかったです！

MEMO
- **目安時間** 作業2時間
- **難易度** やさしい
- **道具** ニッパー／ナイフ／紙ヤスリ／接着剤
- ★転輪のつけ間違いに注意！

組み立て前の準備

転輪のパーツの多さに驚かれた人もいることでしょう。しかも同じように見えるパーツばかり。ここは慌てず、ひとつひとつゆっくりと組み立てていくこと。いっぺんにランナーからパーツを切り出すのはNGです。

転輪のランナーを確認
ランナーには、転輪のパーツがまとめられている。見た目が似ているので、パーツ番号をしっかり確認すること。

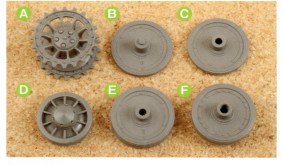

転輪の種類
前後にある起動輪などは形が特徴的だが、その間に並ぶ4種類のホイール（写真B・C・E・F）は見た目がよく似ている。

種類ごとに小分けする
見た目も似ていて数も多いホイールは、タッパーなどの容器に小分けにしておく（写真の番号などは実際のパーツ番号）。作業がしやすくなり、間違えて取りつけてしまう心配もなくなる。

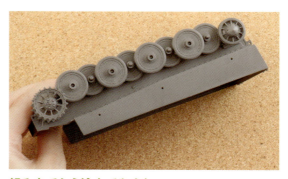

組み立てたら途中でやめない
転輪の車体への取りつけをはじめたら、最後まで一気に組むこと。途中で接着剤が完全に乾いてしまったら、最後にホイールの水平などの微調整ができなくなってしまう。

TECHNIQUE LINK P33「パーツの接着と修正」

[取りつけ] 転輪の取りつけは、接着剤が乾かないうちに一気にやります。ただし、転輪のつけ間違いには注意。取りつけを始める前に、もう一度パーツの確認と取りつけ場所や手順を確認しておきましょう。

1

前後の起動輪はここで取りつけたほうがラクです

2

転輪（C）をはめる
まず転輪Cをはめる。ただ差し込むだけだが、補強もかねて接着しておいたほうがよい。

転輪（F）をはめる
次に転輪Fをはめて、しっかり接着する。このタイミングで前後の起動輪も取りつける。

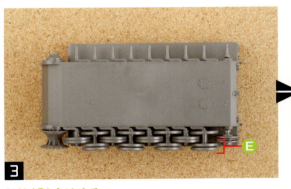

3

4

転輪（E）をはめる
転輪Eは差し込むと同時に転輪Cに接着する感じ。この時、転輪Cがしっかり接着されていないとガタつくので注意。

転輪（B）をはめる
最後に転輪Bを転輪Fに接着する感じで取りつける。ほかの転輪と違って取れやすいので、しっかり接着すること。

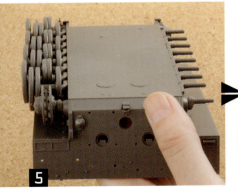

5

接着剤が乾く前に行うこと！

6

平行になっているか確認
真上からだけでなく、車体の前後からもチェックして、転輪が平行になっているか確認する。

キャタピラを当てて確認する
キャタピラを当ててみると、転輪の平行が確認しやすいのでおすすめ。写真 5〜6 の確認と微調整は、接着剤が乾き出す前にやること。

Lesson 3-4 車体の組み立て

転輪の次は車体の組み立てに取りかかりましょう。箱型の車体は流し込み接着剤を使い一気に組み立てます。さらに車体だけでなく、そこに取りつける工具などの細かなパーツもここで一気に取りつけてしまいましょう。ほとんど組み立ててしまってから塗装を行うのが、戦車モデルの大きな特徴でもあります。

MEMO
- 目安時間　作業2時間
- 難易度　やさしい
- 道具　ニッパー／ナイフ／紙ヤスリ／流し込み接着剤
- ★接着前にパーツの合わせを確認しておこう！

細かなものは塗装してから取りつけると思っていましたが、最初にほぼ全部組んでしまっていいのですね。

車体を組み立てる

車体は箱型で、大きなパーツで構成されています。しかし大きいパーツだからといっても、パーツの合わせを確認して丁寧に調整しないと、思わぬところにすき間が生じたりしてしまいます。接着剤が乾くと微調整ができなくなるので、一気に組み立てましょう。

1 流し込み接着剤で上部を取りつける
車体の上部パーツのように接着面が多い場合は、流し込み接着剤が便利。パーツとパーツのすき間にスッと流し込もう。

2 接着をはじめたら途中でやめない
接着をはじめたら、上部と前後の車体パーツまではすべて取りつけること。接着剤が乾くと、微妙なゆがみやすき間の修正ができない。

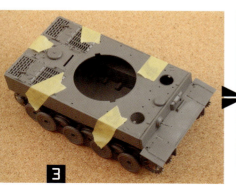

3 乾くまでマスキングテープで固定
車体パーツが離れてすき間が開かないように、テープでしっかり固定すること。

4 穴開けが必要なパーツもある
ピンバイスで穴を開けないといけない場所もあるので、マニュアルをよく確認すること。

吸気パイプはまだ取りつけない
吸気パイプは一工程してから取りつけるので、ここではまだ取りつけない。

TECHNIQUE LINK　P35「ピンバイスの使い方」

Lesson 3-5 吸気パイプの取りつけ

 次に吸気パイプの取りつけです。このパーツはプラスチックではなく、繊維系のパーツになるので、プラスチックのパーツのように扱うことはできません。接着剤も瞬間接着剤を使用することになります。また、切り口の部分の繊維がすぐにほどけてきてしまうので、扱いにも注意が必要です。

質感がパイプっぽくてリアルでいいのですが、扱いがやっかいで大変ですね…。

MEMO

- 目安時間　塗装10分／乾燥1日以上／作業1時間
- 難易度　ふつう
- 道具　ナイフ／缶スプレー／瞬間接着剤

★塗装の際は換気を忘れずに！

［吸気パイプの取りつけ］

この吸気パイプは、普通のプラモデルではあまりお目にかかれない繊維系でできています。プラスチックにはない質感がパイプをリアルに表現してくれますが、扱い方はプラスチックとはまったく別物です。

1 プラスチックではなく繊維系素材
吸気パイプのパーツはプラスチックではなく繊維系。プラスチックとは違い、切り方も取りつけ方も特殊なので、扱いには注意すること。カットする際はデザインナイフを使うとよい。

 ワンポイントアドバイス

そのまま切って使うと毛羽立つ
パイプをそのまま切ってしまうと、繊維がほぐれて毛羽立ってしまいます。塗装後にしっかり乾かしてから切ると、毛羽立ちをおさえることができます。

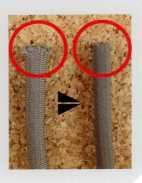

2 2ミリのプラ棒にさして塗装
2ミリのプラ棒にさして塗装する。2ミリのプラ棒は細さもよく、長さもあって扱いやすい。

長い棒ならOKです

3 瞬間接着剤で固定する
パイプは繊維質なので、プラモデル用接着剤ではしみ込んでしまい接着できない。瞬間接着剤は一気に接着されるので、接着前の位置決めをしっかりやること。

TECHNIQUE LINK　P33「パーツの接着と修正」　P43「缶スプレー塗装」

Lesson 3-6 砲塔の組み立て

車体の次は砲塔の組み立てに取りかかりましょう。防盾やハッチ開閉の選択などがありますので、組み立てる前にしっかりと確認してください。とくにハッチの開閉は、組み立ててしまうと変更はききませんので、しっかり検討して選択しましょう。また細かなパーツも意外とありますので注意してくださいね。

ハッチの開閉は意外と悩みますね〜。後戻りはできないので、完成をイメージして選択します！

MEMO
- 目安時間 作業2時間
- 難易度 やさしい
- 道具 ニッパー／ナイフ／紙ヤスリ／接着剤／流し込み接着剤

★ 防盾やハッチ開閉の選択を忘れずに！

[防盾の選択]

今回のキットの砲身基部の防盾（ぼうじゅん）は2パターンあります。作成するタイプによって選択するので、間違えないよう注意。ほかにもエアクリーナーなど、タイプによって選択するパーツもあるので、マニュアルをしっかり確認すること。

1 防盾の選択
防盾は写真の2種類から選択。作成するタイプがどちらなのか、マニュアルでよく確認しよう。今回は写真右の後期型を選択。

2 砲塔後ろの合わせ目は気にしなくてOK
砲塔後ろには大きな収納ケースを取りつけるため、しっかり合わせ目を消していなくてもほとんど見えなくなるので大丈夫。

3 ハッチの開閉を選択
上部のハッチは、開閉を選択して接着する。可動式ではないので、開閉を決めてしまったらもう変更はきかない。

砲塔の完成。両サイドにあるスモークディスチャージャーは壊れやすいので、注意して取り扱うこと。

★でき上がり　スモークディスチャージャー

TECHNIQUE LINK　P33「パーツの接着と修正」

Lesson 3-7

キャタピラの組み立て

続いてはキャタピラの組み立てです。昔はゴムなどの素材でできていましたが、今はプラスチック用の接着剤でも接着できる素材でできているため、組み立てもラクになりました。さらにプラモデル用の塗料での塗装も可能なので、特殊な素材だからといって慎重になる必要はありません。

普通のゴムかと思っていましたが違うのですね。プラモデルは昔と比べて素材から進化しているのですね!

MEMO

- 目安時間　作業1時間
- 難易度　ふつう
- 道具　ニッパー／ナイフ／ピンセット／接着剤／流し込み接着剤

★ 接着面が離れないようにしっかり接着！

キャタピラを組み立てる

キャタピラは素材がプラスチックではありませんが、接着も塗装も普通にできる優れもの。とはいえ素材自体は柔らかいので、扱いにはそれなりに注意が必要です。車体に取りつける際に引っ張るので、接着はしっかりと行いましょう。

1 取りつけ部両方に接着剤を塗る
キャタピラは外れやすいので、接着部分である両端ともに接着剤を塗ること。

2 しっかりおさえる
ただ接着するだけでなく、接着部分をしっかりおさえて密着させる。

接着剤は多少はみ出してもOK

3 裏面も忘れずに接着
裏もしっかりとおさえて密着させよう。多少のはみ出しは見えなくなるので大丈夫。

4 流し込み接着剤を使う
接着が足りずにすき間が開いてしまったら、そこに流し込み接着剤を流し込む。

5 ピンセットでしっかりおさえる
キャタピラの奥などは指が届きにくいので、ピンセットなどでしっかりおさえる。

キャタピラは取りつけの時に引っ張られるので、数日かけて完全に接着剤を乾燥させること。

★ でき上がり

TECHNIQUE LINK P33「パーツの接着と修正」

Lesson 3　戦車模型

Lesson 3-8 缶スプレー塗装

さぁ、組み立てが一通り終わりました。いよいよ次は塗装を行っていきましょう。基本色になるジャーマングレーを、缶スプレーで一気に塗装してしまいます。塗料は霧状に舞うので、塗装する場所は新聞紙を敷くなどして保護し、換気には十分に注意してください。

塗料は思っていたより広範囲に散るのですね…。臭いも意外と強いので、換気は本当に大事だと感じました…。

MEMO
- 目安時間　塗装1時間／乾燥1日以上
- 難易度　ふつう
- 道具　持ち手用の缶やビン／手袋／缶スプレー

★缶スプレー塗装をするので必ず換気を！

塗装前の準備

缶スプレーは霧状の塗料が拡散しやすいため、塗装場所の保護はしっかりしましょう。ラッカー系は臭いが強いため、換気は必須です。また缶スプレーを使用する前には、缶をよく振って塗料を十分に混ぜないと、塗装にムラができるので注意しましょう。

缶スプレー：ジャーマングレー
使用するのは、タミヤの缶スプレー「TS-4 ジャーマングレー」。

1 塗装前にほぼ組み立てる
基本色の塗装前までに、ほぼ組み立てておく。ただし左側面のワイヤーだけは、デカールを貼った後に取りつける。

2 持ち手用の缶またはビンを準備
塗装前に持ち手を取りつける。持ち手は、飲み口の広い缶や重さのあるビンなどが便利。

3 塗装しない場所に取りつける
持ち手は車体の裏側など、塗装に影響のない場所に取りつけること。

4 車体と砲塔に取りつけた状態
持ち手は塗装中に外れないように、両面テープなどでしっかりと固定する。

TECHNIQUE LINK　P43「缶スプレー塗装」

缶スプレーで塗装する

缶スプレーを吹きつけると細かな塗料が飛び散るので、新聞紙などでしっかりまわりを保護しましょう。換気は必須です。塗装前に缶スプレーを50回ほど振ることも忘れずに。とくにジャーマングレーは色ムラになりやすいので、少し多めに振っておきましょう。

1 缶スプレーとキットは15センチほど離す
塗装するキットと缶スプレーの距離は、15センチほど。吹き始めと終わりは、缶スプレーをキットから外すようにする。

2 車体正面や下側も塗装
車体上面や側面だけでなく、正面や後方、下側、転輪の奥なども忘れずに塗装する。

3 砲身の正面や下側も塗装
砲塔はもちろんのこと、砲身も忘れずに塗装する。特に砲身の砲口正面や下側は塗り忘れしやすいので、よく確認して塗装しよう。

4 軽く乾かして2〜3回塗装する
塗装した場所が濡れている間は、さらに塗装してはいけない。少し乾いた状態になってから、もう一度塗装する。

 ワンポイントアドバイス

ワイヤーを塗装しておく

写真のワイヤーは取りつけ後にスプレー塗装できないので、この段階で塗装しておきましょう。組み立て準備時にマニュアルをよく読んでおけば、塗り忘れの失敗を未然に防ぐことができます。

★ **でき上がり**

色ムラや塗り忘れがないか、しっかり確認すること。とくにキットの成形色と塗装色が似ている場合は、よく確認したい。

Lesson 3-9 装備品の塗装

車体全体に塗装した塗料が乾いたら、次は細かな装備品などの塗装をしていきましょう。なるべく丁寧に、はみ出さないように塗装したほうがいいのですが、少しぐらいはみ出してしまっても大丈夫。この後、ウォッシングや汚し塗装などをしていくと、少しぐらいのはみ出しは隠せてしまいます。

はみ出さないように塗装することに緊張しましたが、多少のはみ出しは大丈夫と聞いて安心しました！

MEMO
- 目安時間　塗装2時間　乾燥1日以上
- 難易度　ふつう
- 道具　塗料／溶剤／塗料皿／筆
- ★細かな塗装は丁寧に行う！

装備品を塗装する

戦車模型は、装備品などすべて組み上げてから塗装する場合が多いです。これはウォッシング（P98）やウェザリング（P102）により、後でいくらでも修正が可能なため。でも、はみ出しOKというわけではないので、塗装はしっかり行いましょう。

使用する塗料は3色
タミヤアクリルの「X-10 ガンメタル」「XF-56 メタリックグレイ」「XF-64 レッドブラウン」を使用。

1 木部を塗装する
木部をレッドブラウンで塗装する。面相筆で丁寧に塗っていこう。多少のはみ出しはウェザリングの時に修正可能。

2 金属部を塗装する
金属部をメタリックグレイで塗装する。取りつけていないワイヤー（P95）も重ね塗りしておくのを忘れずに。

塗装後に鉛筆で擦ると金属感が増します！

3 機銃を塗装する
機銃をガンメタルで塗装する。ここはメタリックグレイではないので注意。

TECHNIQUE LINK　P42「筆塗装」

Lesson 3-10

転輪とキャタピラの塗装

転輪の外周のゴム部分とキャタピラを塗装しましょう。転輪やキャタピラの足まわりは、最終的にはかなり汚しが入るところになります。装備品塗装と同じように転輪のゴム部分も、塗料が多少はみ出してもOKです。手を抜けるところは抜いて、製作時間短縮につなげましょう。

いい意味での手抜きは大切ですね。やる気の持続にもつながります！

MEMO

- 目安時間 塗装2時間 乾燥1日以上
- 難易度 ふつう
- 道具 塗料／溶剤／塗料皿／筆

★転輪塗装の多少のはみ出しは気にしないでOK！

筆を使って塗装する

装備品と同様に、転輪とキャタピラも筆で塗装します。転輪は細めの平筆（面相筆でもOK）で、キャタピラは太めの平筆で一気に塗装してしまいましょう。

使用する塗料は2色
キャタピラはタミヤアクリル「XF-84 ダークアイアン(履帯色)」を、転輪は「XF-85 ラバーブラック」を使用。

1 転輪を塗装する
転輪の外側のゴム部分を、ラバーブラックで塗装する。足まわりはウェザリング時にかなり汚すので、多少はみ出しても大丈夫。

2 キャタピラを塗装する
凹凸が多いので注意。奥まったところやへこみ部分の塗り忘れをよく確認しよう。

外側になる部分はとくに念入りに塗装

3 裏面も塗装する
キャタピラの裏側も塗装する。とくに外側になる部分は、組み立て後も見えるので注意。

4 予備履帯も忘れずに塗装
車体正面に取りつける予備履帯も忘れずに塗装する。

TECHNIQUE LINK　P42「筆塗装」

Lesson 3-11 ウォッシング

基本的な塗装が終わったら、次はウォッシングを行います。暗めの塗料で全体を洗うように塗装する技法で、まさに"洗う"感じです。これにより、モールドの陰影がハッキリとする上に全体のツヤもおさえられて、プラスチック感も消えて一気にリアルな感じへと変身しますよ。

せっかく塗装したものをバシャバシャと汚すのは勇気がいりますね。でも効果は絶大でビックリです！

MEMO
- 目安時間 　作業3時間／乾燥1日以上
- 難易度　　むずかしい
- 道具　　　塗料／溶剤／塗料皿／筆／ティッシュペーパー

★塗料を落としすぎずにうまく残そう！

［ウォッシングをする］

戦車がきれいな塗装では、まったくリアル感がありません。それを一気に解決してくれるのが、ウォッシングです。同時にスミ入れの効果もあるので、塗料をふき取りすぎないようにしましょう。

使用する塗料
タミヤエナメルの「XF-1 フラットブラック」と「XF-64 レッドブラウン」の調色か、スミ入れ塗料の「ダークブラウン」を使用。

1 全体に塗る
今回はフラットブラックとレッドブラウンの調色を使用。調色してかなり薄めた後、全体にバシャバシャと塗っていく。

2 手で持てる程度まで乾かす
手で持てる程度まで乾燥させる。薄い塗料なので乾くのにあまり時間はかからない。

ウォッシング終了。一気に重量感とリアリティが増す。

3 乾いた塗料を筆で落としていく
平筆をエナメル溶剤に浸して、ウォッシングした塗料を落としていく。すべて落とさないように注意。

★でき上がり

TECHNIQUE LINK　P38「ウォッシングの方法」

Lesson 3-12

デカール貼り

全体のウォッシングが済んだら、デカールを貼っていきます。今回のキットのデカールは簡単に貼れるものばかりですが、砲塔横の十字を貼る場所だけが少し出っ張っているため貼りにくくなっています。ただ丁寧に貼っていけば決して難しいことはありませんので、ゆっくり慎重に作業していきましょう。

すぐに破けてしまいそうなほど薄いんですね…。ドキドキしてきました…。

MEMO
- 目安時間 作業2時間
- 難易度 ふつう
- 道具 ピンセット／塗料皿／水／ティッシュペーパー／マークフィット

★でこぼこ部分へのデカール貼りは慎重に！

[デカールを貼る]

デカールは水で貼りつける薄いシールのようなもの。慎重に扱わないとすぐに破れてしまいます。貼る位置がしっかり定まるまでは、つねにデカールを濡らした状態にしておくことが大事。デカールに触れる綿棒も乾かさないようにしましょう。

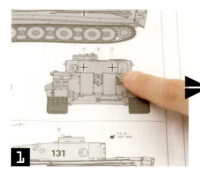

1 マニュアルを確認する
作成するタイプによって、貼るデカールは異なる。マニュアルをよく確認すること。

2 凹凸部分は貼りにくい
砲塔横に貼る十字のデカールだけは貼りにくい。マークフィットを塗ろう。

中心から外側に転がすように動かします

3 綿棒で押しつける
デカールが柔らかくなったら、濡らした綿棒をやさしく押しつける。

4 砲塔の後ろも忘れずに貼る
砲塔後ろにデカールが集中しているので忘れずに貼ること。十字から貼らずに中央の数字から貼っていくと、バランスが取りやすい。

デカールが破損する危険があるので、乾いたとしてもあまり触らないこと。またワイヤー（P95）の取りつけも忘れずに。

★でき上がり

🔗 **TECHNIQUE LINK**　P40「デカールの貼り方」

Lesson 3-13 キャタピラの取りつけ

キャタピラの塗料が乾いたら、車体に取りつけます。その際、無理にはめようとすると転輪の軸が折れることがあるので、注意して取りつけてください。またキャタピラ自体をかなり引っ張ることになるので、接着が甘かった場合は外れてしまうことも。外れた時はまた接着してください。

思っていたよりきつい感じなので、はめるのに一苦労しますね。転輪にしっかりとかみ合うように調整も必要です…。

MEMO
- 目安時間 作業2時間 乾燥2日以上
- 難易度 ふつう
- 道具 接着剤／流し込み接着剤／ティッシュペーパー
- ★詰めたティッシュを取る前に十分な乾燥を！

［キャタピラを取りつける］

かなりキャタピラを引っ張らないとはまらないので、破損には気をつけてください。先に起動輪からはめると、取りつけやすいです。また、キャタピラの内側から飛び出している羽根の部分を、しっかりと転輪やアイドラーホイール（P88の転輪D）に合わせましょう。

1 そのままだと浮いてしまう
キャタピラをただそのまま取りつけると、ピンと張って浮いてしまう。

2 転輪に接着剤をつける
転輪の上面のキャタピラが接地して見えなくなるところに接着剤を塗る。

"垂れ"とはキャタピラのたるみのこと

3 ティッシュペーパーを詰める
箱のイラストなどを参考に、キャタピラの自然な"垂れ"具合を考えながらティッシュを詰めていく。

完全に乾いたらティッシュペーパーを取り外す。ティッシュの残りカスに注意。

4 起動輪にも接着剤をつける
キャタピラの"垂れ"を計算して、起動輪にも接着剤をつける。流し込み接着剤がよい。

5 しばらく乾かす
完全に乾かす。接着が足りないと感じたら、流し込み接着剤を流しておく。

★でき上がり

TECHNIQUE LINK　P33「パーツの接着と修正」

Lesson 3-14

ドライブラシ

ドライブラシとは、基本色よりも明るい色を、筆を擦りつけるように少しずつ塗装して、モールドのエッジを浮き立たせる技法のこと。スミ入れなどとは逆の手法で、陰影を浮き立たせる効果があります。とくに戦車などの暗色で汚し塗装をするものには、よいアクセントになりますよ。

パッと見てもわかりづらいモールドが、だんだん浮き出てきました！　すごい！

MEMO

- 目安時間　作業3時間
- 難易度　むずかしい
- 道具　塗料（ウェザリングマスターでもOK）／溶剤／塗料皿／筆／ティッシュペーパー

★筆とウェザリングマスター、どちらを使ってもOK！

ドライブラシをする

微量の塗料を少しずつのせて造形を際立たせていく技法のため、効果はすぐにあらわれません。根気よく何回も筆を擦りつけていくことによって徐々に効果は出てくるので、あせらずにじっくり行いましょう。

1　塗料をかなり薄める
エナメル塗料にエナメル溶液を加えて2～3倍に薄める。

2　ティッシュで筆の塗料を落とす
筆についた塗料をうっすら色がつくくらいまで落とす。

3　筆を擦りつけるように動かす
突起した部分などのフチやヘリに筆を擦りつける感じで動かす。

4　パーツの角や突起物が際立つ
何回も塗り重ねているうちにだんだんと塗料がのってきて、エッジ部分が際立ちはじめる。

ワンポイントアドバイス

お手軽ウェザリングツール
タミヤのウェザリングマスターでも、お手軽にドライブラシができます。筆よりもコントロールがしやすく、失敗してもすぐにふき取れるので、初心者や筆を使ったドライブラシに自信がない人におすすめです。

ウェザリング（汚し塗装）と仕上げ

Lesson 3-15

さぁ、いよいよ最後の仕上げとして、ウェザリングをほどこしてみましょう。やはり戦車はカッコよく汚れているのが一番ですよね。ウェザリングにもいろいろな方法がありますが、今回は塗装だけで手軽に再現できる方法を紹介します。失敗を恐れずに、思い切って汚してしまいましょう！

せっかく完成間近のものを汚すのはこわいですが、失敗しても修正可能なので思い切ってやってみます！

MEMO
- 目安時間 作業4時間
- 難易度 むずかしい
- 道具 塗料／溶剤／塗料皿／筆／綿棒／トップコート

★実車の写真を参考に汚すのもおすすめ！

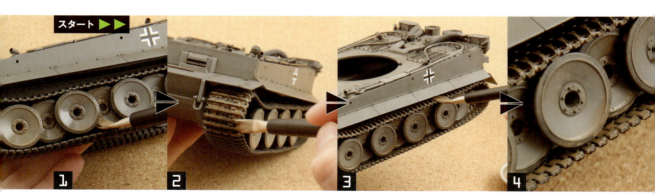

薄めの塗料で塗るのがポイント
アクリル塗料の「XF-57バフ」と「XF-10フラットブラウン」を混ぜたものを、溶剤で3倍程度にかなり薄めて塗装する。塗料が薄いとすぐに色がのらないが、その反面、失敗もしにくくなる。塗料の色みは好みで調整すればいいが、車体より少し明るめの色がいいだろう。

いっぺんに塗らずに数回に分けて薄く塗装する
一回塗っただけでは、ハッキリと汚れないぐらいに塗料を薄めるとよい。少しずつ塗料をのせていき、様子を見ながら色を重ねていく。この時、わざと色ムラをつくると、リアルな泥汚れになっていく。

ウェザリングのポイント

戦車模型のウェザリングは、基本的に足まわりに集中する泥汚れがメインとなります。ただむやみに汚すのではなく、キャタピラや転輪の動きから「車体や泥よけなどにどのように泥が飛び跳ねるか」などを考えて汚していきましょう。"理由のある汚れ方"が、リアルさを増すことにつながります。

今回はフラットブラウンにバフを混ぜたが、これに好みでフラットブラックを足してもよい。またフラットアースという土色もあるので、それを使うのもいいだろう。

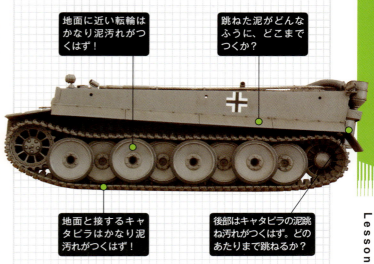

- 地面に近い転輪はかなり泥汚れがつくはず！
- 跳ねた泥がどんなふうに、どこまでつくか？
- 地面と接するキャタピラはかなり泥汚れがつくはず！
- 後部はキャタピラの泥跳ね汚れがつくはず。どのあたりまで跳ねるか？

Lesson 3 戦車模型

泥跳ねを考えながら少しずつ塗り広げていく

ただ色をおかずに、走行した時にどのように泥が跳ねるのかを考えながら塗装していこう。一度に塗らずに少しずつ塗り広げていくことで、自然なムラができていく。また汚しすぎて失敗しても、溶剤でふき取れば修正できる。

★ でき上がり

泥跳ねがどこまであるかを考えながら塗装する

キャタピラまわりだけでなく、車体下方も泥でかなり汚れるはず。車体前後の下面からの泥跳ね汚れも考えながら、ウェザリングしていこう。実車の写真などを参考に汚してみるのもおすすめ。

次ページに続く　103

Lesson 3-15 ウェザリング（汚し塗装）と仕上げ

+α 泥汚れをもう1色追加するとさらにリアルな仕上がりになる

1色だけのウェザリングでも、塗装の仕方で十分にリアルな仕上がりになるが、さらに色を追加することにより、より自然でリアルな泥汚れを再現することができる。先に塗った塗料よりも濃い色で重ねて塗装するのがポイント。完全に塗り重ねずに、わざと下の色を残して乾いた泥の感じを表現できれば、いっそうリアルさがアップする。不自然にならない色ムラを、うまく再現してみよう。

フラットブラウンを追加する

P102で調色した塗料に、フラットブラウンを追加して色みを暗くする。

1回目の茶色を少し残しながら塗る

P102で塗った色を完全に消さずに、外側の輪郭部分などをわざと少し残して塗るのがポイント。あせらず少しずつ塗り重ねよう。

わざとムラをつくるように塗る

わざとムラをつくるように、薄く塗り重ねていく。

溶剤を含んだ綿棒で筆跡を消す

溶剤をしみ込ませた綿棒で、筆跡をぼかすように消していく。

★ でき上がり

仕上げは全体にトップコートを吹く 最後まで気を抜かずにやりましょう

すべての塗装が完了し十分に乾燥させたら、最後につや消しトップコートを全体に吹きつけます。これにより、全体のツヤを統一することができ、さらにデカールなどを保護することもできます。吹きつけ度合の感覚がつかめるまでは、少し吹きつけて一度乾かして、様子を見てからまた吹きつけるかを考えるといいでしょう。
吹きつけすぎると、全体的に白くなってしまうことがあるので気をつけてください。

トップコートの吹きつけすぎに注意。様子を見ながら少しずつ吹いていこう。砲塔と車体は外して別々に吹いたほうがやりやすい。

Completion

タミヤ 1/35
ドイツ重戦車タイガーⅠ型 初期生産型

人気の高いドイツ戦車の中からタイガーⅠ型を選択。その中から初期にしか見られなかったジャーマングレイ単色塗装のタイプを作成しました。ドイツ戦車の三色迷彩は有名なので、それにチャレンジするのもいいと思います。

Completion

ZOOM 1

車体後方は意外とアイテムが密集している場所なので、スミ入れやウォッシングのしがいがある。エアクリーナーのパイプの質感がよいアクセントになる。

ZOOM 2

後方の車体下や泥除けはもちろんのこと、マフラーのカバーの下方にもウェザリングをほどこした。泥の飛び跳ね具合を考えながら、ウェザリングを行った。

ZOOM 3

キャタピラや転輪などの足まわりは、泥汚れウェザリングの花舞台。どこまで汚すかは、どんな戦場でどのように駆け回ったかを想像しながらウェザリングした。もっと汚してもおもしろいだろう。

ZOOM 4

基本的にジャーマングレイの単色の塗装なので、そのままでは味気ないものになる。そのため、メリハリをつけるために、車体や砲塔などのエッジの部分などにドライブラシをほどこして、ディティールを際立たせた。

Lesson 3 | 戦車模型

カラーレシピ

タミヤ 缶スプレー
▷ TS-4 ジャーマングレイ

★以下すべてタミヤ アクリル塗料

機銃
▷ X-10 ガンメタル

木部
▷ XF-10 フラットブラウン

ワイヤーなどの金属部分
▷ XF-56 メタリックグレイ

キャタピラ
▷ XF-84 ダークアイアン(履帯色)

転輪
▷ XF-85 ラバーブラック

ウェザリング
▷ XF-10 フラットブラウン + XF-57 バフ

GALLERY 2

Tank model

写真（上）は、重戦車の重々しさを出すために低い位置から撮影。砲身などにパースをつけると、迫力が増します。写真（下）のように太陽光の下で撮影すればリアリティーがアップ。さらに土の上で撮影すれば手軽に自然のジオラマを再現することができます。

艦船模型

▶使用キット：1/700 日本戦艦 大和（タミヤ）

Lesson 4

艦船モデルは小さな潜水艦や駆逐艦、巨大な戦艦や空母など、さまざまな種類が発売されています。その戦艦の中で一番有名といえるのが、今回製作する戦艦「大和」でしょう。今回のキットのスケールは1/700ですが、これは艦船模型の一大スケールとなっていて、発売されているキットはかなりの数にのぼります。

先生　生徒

プラモデルの製作経験はほぼないが、木を使った帆船模型や建物模型などの製作経験はあり。ナイフなどのツールは子どものころから慣れ親しんでいるが、寄る年波には勝てず、小さなものが見えにくくなっている。

Lesson 4

プロローグ
艦船模型とは？

Before → After

Battleship model

艦船模型 （部位の名称）

- 軍艦旗（ぐんかんき）
- 偵察機（ていさつき）
- アンテナ
- 煙突（えんとつ）
- 測距儀（そっきょぎ）
- 艦橋（かんきょう）
- 副砲（ふくほう）
- 主砲（しゅほう）

艦船模型といえば、1/700 のウォーターラインシリーズが真っ先に上げられますね。サイズも値段も手ごろで、小さな駆逐艦から巨大な戦艦や空母まで、さまざまな艦船がそろっています。1/350 スケールに挑戦したければ、比較的小さな駆逐艦からはじめてみるのもいいかもしれません。ものによっては 1/350 のほうが、パーツも大きく組み立てやすい場合もあります。

おすすめのキット

- 1/700　戦艦　三笠（タミヤ）
- 1/700　航空母艦　信濃（タミヤ）
- 1/700　軽巡洋艦　最上（タミヤ）
- 1/700　海上自衛隊輸送艦おおすみ（タミヤ）
- 1/350　戦艦　大和（タミヤ）
- 1/350　特型潜水艦　伊400（タミヤ）
- 1/350　駆逐艦　雪風（タミヤ）
- 1/350　航空母艦　赤城（ハセガワ）

艦船模型といえば 1/700 スケール

艦船模型の主流といえば、ウォーターラインシリーズでしょう。ウォーターラインとは喫水線を意味し、その喫水線より上の水上部分のみを造形しているプラモデルのシリーズのこと。スケールは 1/700 サイズで、タミヤ、アオシマ、ハセガワの 3 社が展開しています。

近年は他メーカーからも 1/700 のスケールが発売。これはアニメやゲームの影響です。今ではマイナーな輸送船や補給艦、そして海上自衛隊の艦船など、数多くのキットが発売されるようになりました。エッチングパーツや兵装関係などのディティールアップパーツも豊富で、実際の木でできた木製甲板のパーツまでも存在します。また、喫水線より下の部分までも再現したフルハルモデルというものもあります。

精密さを求めるなら 1/350 スケール

ほかに 1/350 という大きなスケールのアイテムも増え出しています。1/700 の小スケールではどうしても限界があり、省略されていたディティールなどが、1/350 では精密に再現されているのが特徴です。ディティールアップパーツも数多く出ていますが、そのボリュームから本体のプラモデルより高額になってしまう、ということも少なくありません。空母になると、飛行甲板や甲板裏、艦載機にいたるまで、数多くのディティールアップパーツは存在します。

艦船モデルは、精密につくり込みたいなら 1/350、コレクションするなら 1/700 がおすすめです。

旗棒（はたぼう）
菊花紋章（きっかもんしょう）

Lesson 4-1

[艦船模型]
製作前に確認しておくこと

組み立ての前に、お約束のマニュアル確認をいたしましょう！ プラモづくりに慣れていたとしても、いきなり組み立てはじめるのは危険です。はじめてつくるキットなら、なおさらです。船底を接着する前にピンバイスで穴を開けたり、ポリキャップを取りつけたりと、事前にやることも多いですよ。

なにごとも計画性が大事ですな。年をとってからいろいろと後悔しても遅いからのぉ～。

MEMO

目安時間 作業1時間
難易度 やさしい
道具 ニッパー／ナイフ／マスキングテープ

★穴開け箇所などを事前に確認！

使用キット

タミヤ 1/700　日本戦艦 大和

太平洋戦争において、世界最大の戦艦であった「大和(やまと)」。9門そなえた強力な46センチ砲は、敵戦艦の射程外から先制攻撃が可能でした。しかし戦場の主役は、戦艦から航空機を備えた空母へと変わり、大和の活躍する場はほとんどおとずれることはありませんでした。

今回のキットは、そんな悲劇の最強戦艦を1/700スケールでつくりやすく再現されています。

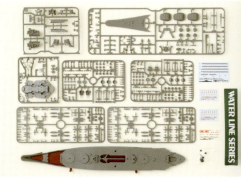

基本パーツはグレー一色で、ランナーはA～CとWがある。そのほかに、紙製の軍艦旗とポリキャップ、デカールにマニュアルが付属する。特殊なものとして、艦底に取りつけるオモリがある。

製作工程

艦船模型は、基本の船体の組み立ては非常に簡単なものが多いです。大変なのはその船体にのる構造物。とくに機銃などの兵装は小さく数も多いので、根気よくつくっていきましょう。

1日目	2日目	3日目	4日目
●合わせ目消し（P114）	●艦橋まわりの組み立て（P116）	●アンテナの組み立て（P118） ●主砲の組み立て（P119） ●船体の組み立て（P120）	●船底の塗装（P122）

5日目	6日目	7日目	8日目
●甲板の塗装（P123）	●甲板のマスキング（P124） ●軍艦色の塗装（P126）	●甲板のスミ入れ（P128） ●船体・艦橋まわりのスミ入れ（P129） ●サビ垂れなどの再現（P130）	●デカール貼り（P131） ●軍艦旗の取りつけ（P132） ●艦載機の塗装（P133）

マニュアルの確認

はじめに行うことは、マニュアルの確認作業。甲板の穴開け箇所などはよく確認しておきましょう。間違って穴を開けてしまったら、修正するのはかなり大変な作業になってしまいます。また小さな部品が多いので、取りつけ位置などを事前によく確認しておかないと、組み立て順によっては取りつけづらくなってしまうことも。
注意ポイントは、マニュアルに赤ペンなどでチェックを入れておくのがおすすめです。

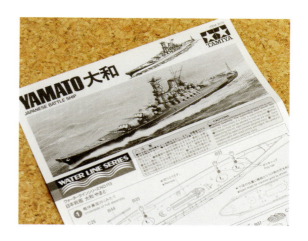

パーツの確認

マニュアルをチェックした後は、実際にパーツも確認しましょう。とくに船体の裏にある穴開けの位置はしっかりと確認。ペンなどで、パーツに印を入れるのもよいでしょう。
また、今回のキットは1/700という小スケールのため、とにかく小さな部品が多いです。さらに同じ部品が何個もあるので、そこもしっかりチェックしておきたいですね。パーツの破損なども起こりやすいので、とにかく扱いは丁寧に。アンテナなどは絶対に乱暴に扱わないようにしましょう。
軍艦旗は紙でできているので、折ったり汚したりしないようにしてください。

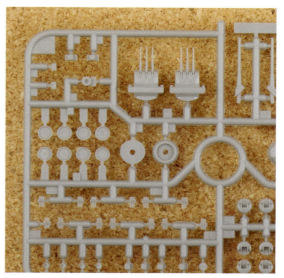

仮組み

今回のキットに関しては、事前の仮組みはあまり必要ありません。強いていえば、船体と船底とのすり合わせくらいでしょう。それよりも、組み立てながらつねに「接着前にパーツの合いを確認」していくほうがよいと思います。
艦船模型は小さいパーツが多く、そのパーツを組み込む場所も必然的に小さくなります。組み立ては「つねに仮組みをしながらの作業」といっても過言ではありません。

Lesson 4-2 合わせ目消し

では、組み立てをはじめましょう。マニュアル通りに組み立ててもいいのですが、乾燥や整形に時間のかかる合わせ目消しは、先に済ませてしまうといいでしょう。今回のキットの合わせ目は、あまり目立たないものもありますので、気にならなければ無理に全部消す必要もありません。

確かにいわれないと気づかないものも多いの〜。正直わしには気にならないものばかりじゃがね。

MEMO

- 目安時間 作業3時間
- 難易度 ふつう
- 道具 ニッパー／ナイフ／紙ヤスリ／接着剤／パテ

★細かなモールドを消さないように！

[合わせ目消しをする]

今回のキットの合わせ目ができるところは3箇所。1/700スケールはパーツも小さいため、合わせ目があまり目立ちません。ただ、中央にそびえる大きな煙突の合わせ目は目立つので、少なくともそこだけは消しておきましょう。

合わせ目消しはパテと接着剤の二通りある
合わせ目消しは、パテで埋める方法と接着剤を使って埋める方法がある。パーツによって使い分けるとよい。

合わせ目を消すパーツは3つ
今回のキットの合わせ目ができるパーツは、左から「艦橋」「煙突」「後部艦橋」の3つ。

1 艦橋 [正面]
艦橋正面の真ん中にできる合わせ目。小さいパーツだが、艦船の"顔"である艦橋正面だけに、できれば消しておきたい。

2 艦橋 [背面]
艦橋の背面にも、正面同様に合わせ目ができる。背面は細かなパーツがつく部分なので、目立たないといえば目立たない。

丁寧かつしっかりと穴を開けます

3 艦橋 [正面] 四角い穴を成形する
合わせ目消しの際、艦橋正面の四角い穴を埋めてしまわないように注意。埋めてしまった時はナイフなどで復活させよう。

TECHNIQUE LINK　P30「合わせ目消し」

4

後部艦橋 [正面]

後部艦橋の正面 (艦尾方向) も、完成後は目立つ場所に合わせ目ができてしまう。ここは消しておいたほうがよい。写真はパテを塗った状態。

後ろは見えなくなるので整形不要！

後部艦橋の後ろ側にも合わせ目ができますが、後ろ側は組み立ててしまうとまったく見えなくなってしまう部分なので、整形不要です。

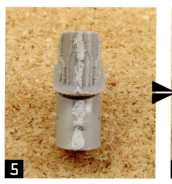 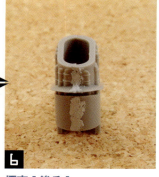

5 煙突 [正面]

煙突は合わせ目が一番目立つ部分。パーツ取りつけ場所を壊さないように、慎重に合わせ目を消すこと。

6 煙突 [後ろ]

煙突の背面にも合わせ目ができるので、こちらもしっかりと消しておこう。

すき間は無理に整形しない！

奥まった深いモールドにある合わせ目を無理に整形する必要はないです。ヤスリなどが届かないようなところは目立たないところ、と割り切りましょう。

7

モールドを消さないように！

小さいパーツはモールドも細かなものが多い。ヤスリなどで簡単に消えてしまうので、慎重かつ丁寧にパーツ整形しよう。

★ でき上がり

Lesson 4　艦船模型

115

Lesson 4-3

組み立て——1
艦橋まわり

合わせ目消しが終わったら、組み立てに入っていきましょう。まずは艦橋まわりから組み立てます。今回のキットの艦橋まわりは土台があり、1ブロックにまとまってでき上がるので組み立てやすいですよ。ただし、細かいパーツだらけですので、パーツをなくさないように注意しましょう。

いきなり艦橋からはじめるのかい？ しかし本当に小さいパーツばかりじゃの〜。

MEMO
- 目安時間　作業4時間
- 難易度　ふつう
- 道具　ニッパー／ナイフ／紙ヤスリ／流し込み接着剤／ピンセット

★細かなパーツをなくさないように！

艦橋まわりの組み立て

艦橋まわりは、小さなパーツが多いのでピンセットが便利ですが、力を入れすぎるとパーツを飛ばしてしまうことがあります。とにかく細心の注意が必要です。

1 細かなパーツが多い
今回のキットは細かなパーツが多い。とくに艦橋まわりのパーツは小さなものばかりなので、扱いは慎重に。

2 大きめの箱の上で作業する
小さなパーツは、落としたらなかなか見つからない。それを防ぐため、大きめの箱の上で作業するとよい。

3 ランナーについた状態で整形する
小さなパーツは持つだけでも一苦労。ランナーから切り離す前に、バリ取りなどの整形をしてしまおう。

4 パーツの切り取りは手をそえる
ニッパーでパーツを切り取る際、パーツが飛んでしまうことがあるので、手でパーツを支えながら切る。

5 接着するピンのバリを取る
プラスチックの薄い膜のようなバリがあると、パーツがうまくはまらないので、ナイフなどできれいに取っておこう。

6 穴が狭くなっていたらナイフで広げる
パーツを差し込む側の穴も、バリなどで狭い場合がある。パーツを合わせてみて入らない場合は、ナイフで穴を広げよう。

［パーツの"合い"を よく確認すること］

小さなパーツは、合わせてみないことにはうまくはまるかどうかわからないものが多いです。数も多いので作業が雑になりやすいですが、ここは根気よくひとつひとつのパーツの"合い"を確認してから接着しましょう。

1
接着前にパーツを合わせる
どのパーツがはまりにくいかは、見た目でわからない。とにかく接着前に一度、パーツをすり合わせて確認しよう。

2
パーツの接着面を整形する
パーツの合わせが悪かった時は、接着面を紙ヤスリで削るか、ナイフでカンナ掛けするなどして調整しよう。

3
基部の接着面をヤスリ掛けする
パーツが合わないのは、パーツだけの問題とは限らない。パーツの接着する場所のほうも整形して調整しよう。

4
突き出しピン跡の整形
機銃の台座部分のように、突き出しピンの跡がある場所がある。組み立て後でも目立つ場所は、ピン跡を整形して消しておきたい。

5
紙ヤスリで整形する
機銃の台座は小さく数も多いため、いちいちパテ埋めは面倒。400番ほどの粗めの紙ヤスリで削って消してしまおう。

★ **でき上がり**

紙ヤスリを小さく折って何回かやすると、ピン跡はきれいに消えてくれる。多少荒れていても、塗装をすれば消えるので大丈夫。

［細かなパーツの接着］

小さなパーツに貼り合わせ用の接着剤を使うとついつけすぎてしまい、下手をするとモールドが溶けてしまうこともあります。それを防ぐためにも、ここは流し込み接着剤を使うとよいでしょう。

1
細かなパーツは流し込み接着剤を使う
細かなパーツの接着の場合、パーツに接着剤をつけるのではなく、接着場所の穴のほうに流し込み接着剤を流し込んでおく。

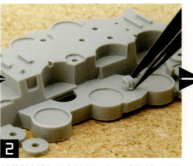

2
接着剤を流し込んだ後にパーツを取りつける
接着剤を流し込んだ場所に、後からパーツを取りつける。接着剤はすぐに乾いてしまうので注意してほしい。

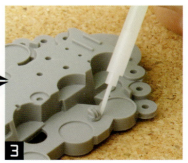

3
位置が決まったら再度流し込む
パーツの位置が定まったら、さらに接着剤を流し込んで、しっかり接着しよう。

Lesson 4-4

組み立て——2
アンテナ

次にアンテナを組み立てましょう。アンテナは細く長いパーツなので、とても折れやすいです。パーツをランナーから切り取る時はもちろんのこと、整形や組み立ての時も注意してください。とくにゲート処理などの整形作業中は、かなりの注意が必要になります。

MEMO
- 目安時間　作業1時間
- 難易度　むずかしい
- 道具　ニッパー／ナイフ／紙ヤスリ／接着剤／ピンセット
- ★アンテナを折らないように注意！

パーツとゲートの区別も難しいの〜。気がついたらアンテナが短くなっているということがないようにせんと。

［アンテナの組み立て］

とても細くて折れやすいパーツで構成されているアンテナの組み立てには、慎重さが必要です。とくに整形には細心の注意が必要です。もしアンテナが折れてしまった時は、接着剤で丁寧に接着して整形しましょう。

1 折れないように切り取る
アンテナのパーツは、ランナーから切り取る時も慎重に行う。パーツに余計な力を加えると、簡単に折れてしまう。

2 ナイフなどでカンナ掛け
パーツにはゲート跡だけでなく、バーティングラインがあるところもある。ナイフで丁寧にカンナ掛けしよう。

注意！　指でパーツを支えないとポキッと折れる
細いパーツに余計な力がかかると、すぐにポキッと折れてしまいます。ナイフなどを当てるパーツの裏側に指をそえるように当てて、パーツを支えるようにしましょう。

3 紙ヤスリでも整形する
ナイフで取りきれないゲート跡などは、紙ヤスリの600番あたりで仕上げよう。この時もパーツを指で支えることを忘れずに。

4 パーツを接着する
ピンセットを使って、パーツをひとつずつ接着していこう。細いパーツなどは接着剤のつけすぎに注意。

★でき上がり

Lesson 4-5

組み立て—3
主砲

次は今回のキット「大和」の主砲である、46センチ砲をつくりましょう！ 1～3番まである砲塔はもちろんのこと、各3門、計9門の砲身も、丁寧に整形して組み立てます。細く小さなパーツで数も多いですが、ひとつずつがんばってやっていきましょう。

おお、砲身に穴が開いとる！ うまく中心に開けられるか自信がないの～。

MEMO
- 目安時間 作業2時間
- 難易度 むずかしい
- 道具 ニッパー／ナイフ／紙ヤスリ／接着剤／ピンバイス
- ★ 砲口の穴開けは慎重に行う！

[主砲の組み立て]

全部で3つある主砲のうち、第2と第3砲塔の天井には、ピンバイスで機銃を取りつける穴を開けておくこと。9門ある砲身は、まだこの段階では取りつけません。パーティングラインの整形は、モールドを消さないように注意。

1 砲身はまだ接着しない
砲身基部の塗り分けがあるので、砲身は塗装後に取りつけること。

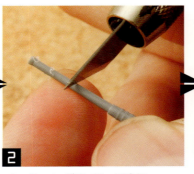

2 パーティングラインの確認
砲身の上下まっすぐに、パーティングラインが入っている。モールド部分にもすべて入っているので、整形時に気をつける。

3 紙ヤスリで削る
砲身のところはナイフのカンナ掛けでもいいが、モールド部分は紙ヤスリを折って、モールドを消さないように整形しよう。

4 ピンバイスで砲身に穴を開ける
砲身の先端に、ピンバイスの0.8ミリで穴を開けて、砲口を再現する。穴の深さは1ミリほど。

注意！ 開けた穴がずれないように注意！
ピンバイスを使う前に、ナイフなどで砲身中央にガイドとなる小さな穴を開けておくとよいでしょう。

★ でき上がり

TECHNIQUE LINK P32「ゲート・パーティングライン処理」 P35「ピンバイスの使い方」

Lesson 4-6

組み立て—4
船体

組み立ての最後として、次は船体を組んでいきましょう。「大和」は巨大戦艦だけに、船体はとても長いです。接着剤などで汚れやすいので、丁寧な接着を心がけてください。また船底を接着する前に、ピンバイスでの穴開けや、主砲取りつけ部のポリキャップのつけ忘れに注意してくださいね。

組み立てが終わっても、ここからさらに長く険しい完成までの道が待っておるの…。

MEMO

- 目安時間　作業2時間
- 難易度　やさしい
- 道具　ニッパー／ナイフ／紙ヤスリ／流し込み接着剤／マスキングテープ／ピンバイス

★船底取りつけ前に穴開けを忘れないように！

[船体の裏に穴を開ける]

甲板に機銃を取りつけるための穴を、ピンバイスで開けなければなりません。1ミリと1.6ミリのふたつのサイズがあるので、注意が必要です。1.6ミリのドリル刃がない場合は、1.5ミリでも大丈夫。

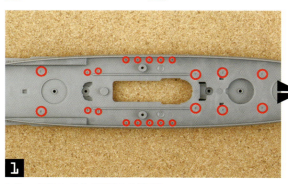

1　ピンバイスで穴を開ける位置
穴は1ミリと1.6ミリの2種類あるので、マニュアルで位置をよく確認すること。船体後方の穴開けも忘れずに行う。

ピンバイスは穴開けのアタリがあるパーツ裏側から差し込みます

2　ピンバイスで穴を開ける
ピンバイスを船体と垂直になるようにして、穴を開けよう。力を入れすぎてドリル刃を折らないように気をつける。

ワンポイントアドバイス

★でき上がり

穴が毛羽立った時の対処法
ピンバイスで穴を開けると、削り残しなどで穴が毛羽立っていることが多いです。そんな時は、ナイフや紙ヤスリで削るか、棒ヤスリで穴をきれいに仕上げるとよいでしょう。

TECHNIQUE LINK　P33「パーツの接着と修正」　P35「ピンバイスの使い方」

[船体を組み立てる]

船体の組み立て時、とくに注意したいのが船底の接着です。船体は長く接着箇所も長いため、どうしても接着剤をつけすぎて汚してしまいがち。一度で接着しようとせずに、流し込み接着剤をうまく使いましょう。

1 オモリを接着する
オモリは好みで取りつければよい。この時、主砲基部のポリキャップの取りつけも忘れずに行おう。

2 船体と船底をよく合わせる
接着する前に、船体と船底のパーツをよく合わせておくこと。合わせが悪いところは、ナイフやヤスリで削ってすり合わせをしよう。

3 流し込み接着剤を使う
船底は長いパーツで接着面も長いので、通常の接着剤でいっぺんに接着しようとせず、様子を見ながら流し込み接着剤を使おう。

4 すき間があったら流し込む
船体と船底の接着をよく確認。すき間があったら、そこに流し込み接着剤を流し込もう。船首や船尾もよく確認すること。

5 マスキングテープで固定する
すき間なく接着が完了したら、はがれてしまわないようにマスキングテープでしっかり固定する。1日以上は乾燥させること。

6 船首と甲板にも流し込む
船底と同じように船首甲板のパーツも、よくはめ合わせた後、流し込み接着剤を使って接着したほうが取りつけやすい。

7 後方と側面パーツも接着する
後方側面のパーツも、接着前によくはめ合わせること。ここも流し込み接着剤を使用したほうがやりやすいだろう。

8 後方デッキも接着する
後方デッキのパーツも、塗装前に接着しておく。接着前にピンバイスで2箇所、穴を開けておくこと。

接着前の穴開け作業を忘れずに！

Lesson 4　艦船模型

Lesson 4-7

塗装——1
船底

それでは、ここから塗装の作業に入っていきましょう。船体のグレーや甲板の木部の塗装は、缶スプレーを使って一気に行いますが、船底の赤色は筆で塗装することにします。船底部分は長いですが、塗装部分は側面の細い部分だけなので、筆でも十分に塗装できますよ。

MEMO
- 目安時間　塗装1時間／乾燥1日以上／作業1時間
- 難易度　ふつう
- 道　具　塗料／溶剤／塗料皿／筆／マスキングテープ

★マスキングテープはまっすぐに貼ろう！

やっと塗装までやってきたな。このために地道な下準備の組み立てをしてきたってところですな。

船底を塗装する

船底の塗装は、筆で簡単に済ませてしまいましょう。ここでは組み立ててから塗装を行っていますが、これは組み立て前に船底を塗装してから接着すると、はみ出した接着剤によってせっかくの塗装が溶け出してしまい、汚くなってしまうからです。

1
塗料：XF-9 ハルレッド
各メーカーから船底用の塗料が発売されている。今回使用した「ハルレッド」も、まさに船底用に作られた塗料。

2
筆で塗装する
船底の塗装面はとても細いため、筆ムラも出にくく、比較的ラクに塗装することができる。

ワンポイントアドバイス

塗料がはみ出しても大丈夫！
船底を塗装した後はマスキングをし、全体を軍艦色で缶スプレー塗装します。そのため、船底色が多少はみ出していても、軍艦色で消えてしまいます。船底塗装の多少のはみ出しは、気にしなくて大丈夫です。

3
マスキングテープの長さを測る
船底に貼るマスキングテープは、つなぎ目のないきれいな直線1本で行ったほうがよい。

4
船底にまっすぐに貼る
船首や船尾から、少しずつ微調整しながら貼っていこう。1回できれいに貼れるということはないので、ゆっくり貼っていけばよい。

★でき上がり

122　　TECHNIQUE LINK　P42「筆塗装」

Lesson
4-8

塗装——2
甲板

次に塗装するのは、甲板の木部分になります。実際の大和の甲板の板張り部分は、塗料などで塗装されていなかったので、木の質感っぽい色で塗装してみました。明るく感じるかもしれませんが、船体のグレー部分とのコントラストでいい感じになると思いますよ。

木の質感は落ち着きますな。塗装するのが楽しみになってきましたな。

MEMO

- 目安時間　塗装1時間　乾燥1日以上
- 難易度　やさしい
- 道具　缶スプレー／持ち手用の缶・ビン
- ★換気には十分に気をつける！

Lesson 4　艦船模型

甲板を塗装する

今回のキットの甲板は、金属のグレー部分と板張りの茶色と2種類あります。まずここは明るい色を先に塗る鉄則の通り、木部分を先に塗装しましょう。缶スプレーで一気に塗装してしまい、マスキングをしてからグレー部分を塗る、という手順で行います。

1 缶スプレー：TS-68 木甲板色
マニュアルでは塗料の「バフ」を使うとあるが、今回はタミヤの「木甲板色」を使用する。

2 持ち手を取りつける
船底にビンや缶などの持ち手をつける。船体が長細いので、持ち手はバランスを考えて中心あたりにつけよう。

3 缶スプレーで塗装する
塗装面と缶スプレーの距離は15センチほど。吹きはじめと吹き終わりはパーツにかからないようにする。

4 2〜3回、上から吹く
「少し乾かして塗装する」を2〜3回くり返す。船体の横に塗料が吹き込まないように、なるべく甲板の真上から吹くとよい。

★でき上がり

TECHNIQUE LINK　P43「缶スプレー塗装」

Lesson 4-9

塗装—3
甲板のマスキング

甲板の木部分がきれいに塗装できました。十分に乾燥させたら、その木部分を完全にマスキングして隠しましょう。このマスキングをしっかりしておかないと、あとあと塗装のはみ出し修正などが大変になってしまいます。時間をかけて丁寧にマスキングをすることで、結果、時間短縮になり完成への早道となりますよ。

マスキングは細かい作業ですな。ここで苦労した分だけ後でむくわれる…がんばらないとですな。

MEMO
- 目安時間 作業5時間
- 難易度 むずかしい
- 道具 マスキングテープ／ナイフ／金定規／ピンセット

★時間をかけて丁寧にマスキングする！

甲板のマスキング

甲板は船体と同色のグレーの部分と木部の部分とがあります。マスキング後、船体全体をグレーの軍艦色で塗装するため、木部をしっかりとマスキングしておくこと。これをおろそかにすると、あとあと修正で泣くことになるのでしっかりやっておきましょう。

1 マスキングする場所：甲板後方
まずは甲板後方からマスキングしていく。この場所には主砲土台の丸い部分があるが、後で筆塗装するのでマスキングしない。

2 マスキングテープを小さくカット
マスキングテープを小さく切って、少しずつ細かく貼っていく。長いテープをいっぺんに貼ろうとしないこと。

3 テープを貼っていく
テープ一枚一枚を、ツマヨウジなどでしっかり甲板に貼りつけること。貼りつきが弱いと、塗料が流れ込むので注意。

4 マスキングする場所：甲板前方
次に甲板前方をマスキングする。甲板後方よりも細かな場所が多いので、より慎重かつ丁寧にマスキングしていこう。

5 テープをマットに貼って切る
写真のマスキングテープでは太くて使いづらい。もっと細くカットするために、テープをカッターマットに貼りつける。

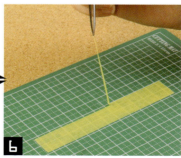

6 金定規をあてて細くカット
プラスチックの定規では、ナイフでテープをカットした時、定規も一緒に切ってしまう。ここは金属製の定規を使用すること。

124

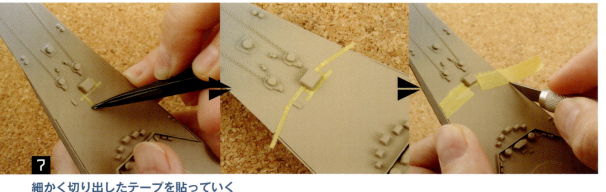

細かく切り出したテープを貼っていく

ナイフで細く切り出したテープをピンセットではがして使うが、貼る場所の長さに合わせてその都度テープを切り出していこう。小さな構造物なども軍艦色に塗装するので、そのまわりを細かくマスキングしていく。テープ同士が重なると、すき間が開きやすくなるので注意したい。貼る場所によって、テープの長さだけでなく太さも調整していくとよい。

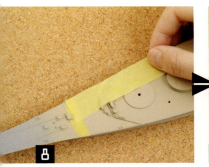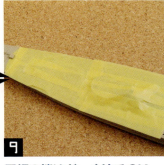

大きなテープを貼っていく

細かな部分のマスキングが終わったら、後は大きく貼っていく。細かなマスキングが多いと、塗料が入り込む可能性も上がってしまう。

甲板の端はざっくりでOK

甲板の端のほうは、船体に合わせてマスキングする必要はない。とにかく甲板がすべてマスキングされていればよい。

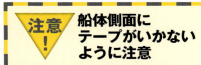

注意！ 船体側面にテープがいかないように注意

甲板の端をマスキングする際に、船体の側面にマスキングテープがかからないように注意すること。甲板から飛び出した部分が長いようならカットしましょう。

★ でき上がり

ワンポイントアドバイス

曲線用マスキングテープもある

タミヤから曲線用のマスキングテープというものも販売されています。素材が紙ではなくビニール系でできているため柔軟性があり、曲線に貼ることが可能。これを使って主砲の土台部分などのマスキングに挑戦してもいいでしょう。

Lesson 4-10

塗装——4
軍艦色の塗装

しっかりと甲板のマスキングをしたら、一気に軍艦色を塗装してしまいましょう！ マスキングをほどこしてから時間がたつと、テープがはがれ出してしまうことがありますので、なるべく早く塗装を開始してください。塗装後にマスキングをはがすまで、ちゃんと塗装できたかわからないのでドキドキですね。

せっかく苦労してマスキングしたのだから、その苦労がむくわれることを祈るばかり…。

MEMO
- 目安時間 　塗装 4 時間／乾燥 1 日以上
- 難易度　　むずかしい
- 道具　　　缶スプレー／塗料／溶剤／塗料皿／調色スティック／筆／持ち手用の缶・ビン

★甲板端の塗装は慎重に！

軍艦色を塗装する

甲板の木部分をしっかりとマスキングしたら、軍艦色を一気に塗装しましょう。もちろん艦底部分のマスキングもしっかり確認すること。最後にマスキングが貼れているかどうかもう一度しっかり確認して、缶スプレー塗装に挑んでほしい。

1 缶スプレー：TS-66 呉海軍工廠グレイ（日本海軍）
類似色として「横須賀海軍工廠グレイ」も発売されている。好みで選択するといいだろう。

2 甲板を塗装する
まずは甲板部分を塗装しよう。いっぺんに吹かずに、少しずつ薄く重ねて吹いていくこと。細かな構造物の塗り忘れに注意。

3 側面を塗装する
甲板だけでなく、側面も忘れずに塗装しよう。あまり上向きにスプレーを吹くと、甲板のマスキングに吹き込むので気をつける。

4 艦橋まわりを塗装する
ブロックでまとまっている艦橋まわりも、しっかりと塗装する。細かなディテールの奥が塗り忘れやすい。

5 砲塔も忘れずに塗装する
P119で組み立てた主砲や副砲なども、忘れずに塗装しよう。もちろん9門ある砲身も、すべてしっかりと塗装する。

注意！ 船首や船尾もしっかり塗装する

側面を塗装する時、船首と船尾の側面も忘れずに塗装しましょう。持ち手を回しながらグルッと一周させるように塗装するとうまくできます。

TECHNIQUE LINK　P42「筆塗装」　P43「缶スプレー塗装」

[軍艦色を筆塗装する]

マスキングで隠れていたため、缶スプレーで塗装できなかった細かな建造物などは、マスキングテープをはがした後に筆で塗装します。ここではみ出してしまうと、せっかくのマスキングの意味が薄れるので注意しましょう。

1
塗料：XF-75 呉海軍工廠グレイ（日本海軍）
P126の缶スプレーと同じ名称だが、微妙に色が異なる。気になる場合は缶スプレーを塗料皿に吹き出して塗装しよう。

2
甲板上の建造物などの塗装
マスキングで隠れていた甲板上の細かな建造物を、筆で塗っていく。なるべく甲板にはみ出さないように慎重に行おう。

3
甲板のフチの塗装
甲板のフチのモールドに合わせて、筆で塗装していこう。何回も筆を動かさずに、スッと1回で塗ったほうがはみ出しにくい。

★ でき上がり

ワンポイントアドバイス

塗料がはみ出した時の対処法

塗料がはみ出してしまっても、修正できるので大丈夫。アクリル溶剤をしみ込ませた綿棒で、はみ出した部分を丁寧にふき取りましょう。

綿棒にアクリル溶剤をしみ込ませて、はみ出した部分を丁寧にふき取れば修正可能。ただ仕上がりは修正しないほうがきれいなので、はみ出しには気をつけよう。

[主砲の塗装]

主砲の砲身の根元部分は、防水キャンバスという布生地が被せられています。キャンバス生地は白色ですが、そのまま白を塗ると色が浮いて違和感が出てしまいます。うまく調色してリアルに仕上げましょう。

1
塗料：XF-2 フラットホワイト　XF-78 木甲板色
今回は木甲板色を使用しているが、ブラウンならほかの色でもいいだろう。またブラウンではなく、グレー系を混ぜてもよい。

茶系の代わりにグレー系を調色してもいい感じに♪

2
調色した色を塗装する
フラットホワイトに少しずつ木甲板色を足していく。木甲板色の量は好みで調整すること。今回はホワイト4：木甲板色1。塗装は筆を使用。

注意！ 白色だけでは明るすぎる

ホワイト＋甲板色
ホワイト1色

ホワイト1色ではおもちゃっぽさが出て、リアリティがなくなってしまいます。

Lesson 4-11 甲板のスミ入れ

ひと通り塗装が終わって十分に乾燥させたら、次はスミ入れをしていきましょう。まずは甲板の木部分からスミ入れを行います。今は単色だけでメリハリのない甲板ですが、ブラウン系のスミ入れをすることで、モールドが浮かび上がって一気に木の質感が出てきますよ。

MEMO
- 目安時間　塗装3時間 乾燥1時間以上
- 難易度　ふつう
- 道具　スミ入れ塗料／溶剤／綿棒／ティッシュペーパー
- ★スミ入れ塗料のふき取りはムラを残すこと！

確かに塗装しただけだと、のぺっとした感じですな。せっかくの板張り感がまったくしないです。

甲板のスミ入れ

甲板の木部分へのスミ入れから行います。今回は手軽に扱えるスミ入れ塗料のブラウンを使用します。もちろんエナメル塗料を使って、自分の好きな茶系や黒系の色を調色して使用してもまったく問題ありません。

1　スミ入れ塗料：ブラウン
今回はスミ入れ塗料のブラウンを使用したが、好みでダークブラウンを使用してもいいだろう。

2　甲板の木部にスミ入れする
茶色い甲板の木部分へスミ入れしていこう。この段階では金属部分に多少はみ出してもOK。

3　きれいに塗らずにムラを残す
全体的に塗れていればOK。ここではきれいに塗る必要はない。むしろムラがあったほうが、いい感じに仕上がる。

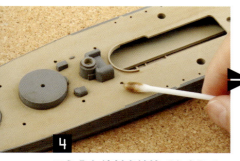

4　スミ入れ塗料を綿棒でふき取る
綿棒にエナメル溶剤をふくませて、スミ入れ塗料をふき取っていく。ふき取りすぎると意味がなくなるので注意。

5　機銃などを取りつける
スミ入れのふき取りが終わったら、甲板上の機銃などを取りつけていこう。この時、接着剤のはみ出しで甲板を汚さないように。

ワンポイントアドバイス

わざとムラになるようにふき取る
わざとムラをつくるようにふき取りましょう。きれいにふき取ると、逆に不自然になってしまいます。

TECHNIQUE LINK　P36「スミ入れの方法」

Lesson 4-12 船体・艦橋まわりのスミ入れ

甲板の木部分のスミ入れが完了したら、次は船体や艦橋などの軍艦色で塗装した部分にスミ入れをします。今度はP128でスミ入れを済ませた木部分に影響しないように、慎重に行っていきましょう。スミ入れ塗料は薄いため、いろいろなところに流れ込みやすいので、甲板の作業はとくに注意してください。

なんと！ せっかくスミ入れを済ませた木部分に、塗料が流れ込むのは勘弁…。

MEMO
- 目安時間　塗装3時間　乾燥1時間以上
- 難易度　ふつう
- 道具　スミ入れ塗料／溶剤／綿棒／ティッシュペーパー
- ★甲板の木部分に塗料が垂れないように！

［船体・艦橋まわりのスミ入れ］

船体や艦橋まわりなどのグレーの部分にスミ入れを行います。とくに注意したいのは、甲板上に点々とある建造物たち。スミ入れ塗料は流れやすいので、甲板の木部分に塗料がはみ出さないように注意して作業しましょう。

1 スミ入れ塗料：ダークブラウン
ここではダークブラウンを使用する。もし木部分にダークブラウンを使っていたら、ここではブラックを使用するといいだろう。

2 全体に塗っていく
グレーの部分に塗っていこう。ただ塗るのではなく、モールド部分が浮き出すように考えてスミ入れしていくとよい。

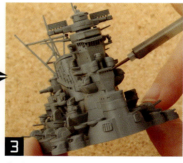

3 奥まったところに流し込む
とくに奥まったところに集中してスミ入れしていこう。影になる部分にスミ入れすることで、よりモールドが引き立つ。

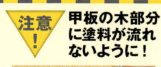

注意！ 甲板の木部分に塗料が流れないように！

スミ入れ塗料が木部分に流れ込み、はみ出した塗料をふき取ると、甲板の木部分にほどこしたスミ入れも取れてしまいます。

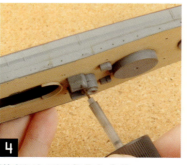

4 逆さにしてスミ入れする
甲板上の建造物のスミ入れが、木部に流れ込みやすい。船体を逆さにして作業すると、塗料が木部分に流れにくくなる。

★ でき上がり

TECHNIQUE LINK　P36「スミ入れの方法」

Lesson 4-13
サビ垂れなどの再現

スミ入れが終わったら、次はサビ垂れや雨垂れ跡なども再現してみましょう。サビはブラウンで、雨垂れなどの水が垂れた跡はブラックを使用します。ちょっとしたことですが、さらにリアリティーが増してカッコよく仕上がっていきますよ♪

MEMO
- 目安時間：目安時間 塗装2時間 乾燥1日以上
- 難易度：むずかしい
- 道具：塗料／溶剤／塗料皿／筆／綿棒

★サビや雨垂れは重力方向に落とす！
★サビ垂れなどのやりすぎは逆効果！

実際に使われたような汚れを再現できると、わしのシワように味が出ますな〜。

サビ垂れなどを再現する

船体側面にある可動部分や機材系のところから、それっぽくサビを垂らしてあげるとよいでしょう。また窓やミゾなど、雨垂れなどの水が流れそうなところには、ブラックで水跡を表現してみます。ただし、やりすぎに注意です。

1　塗料：フラットブラック／レッドブラウン
サビにはレッドブラウンを使用したが、好みで明るくしても暗くしてもいいだろう。

2　窓など➡ブラックで再現
船体側面には無数に窓が存在する。雨垂れを再現するのに最適な場所。

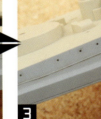
3　サビ部分➡ブラウンで再現
実際は整備されているので、そんなにサビは垂れないと思われるが、ここはそれっぽい演出をしてみるのもいいだろう。

4　溶剤をふくんだ筆で落とす
エナメル溶剤をふくませた筆で、塗った塗料を落としていく。溶剤をふくませすぎると、塗料が一気に落ちてしまうので注意。

ワンポイントアドバイス
"垂れ"は重力方向に落としていく！
サビや雨垂れは重力によって下へ下へと垂れていく。その垂れる方向を意識して、塗料を落としつつ広げていくとよい。

★でき上がり

TECHNIQUE LINK P102「ウェザリング（汚し塗装）と仕上げ」

Lesson 4-14 デカール貼り

さぁ、次はデカールを貼りましょう！ 今回のキットに貼るデカールは甲板の2点だけですね。数は少ないですが、デカールが長くて巻きついたり折れたりしやすいので、注意して作業しましょう。また付属のデカール2点は似たようなデザインなので、間違えないようにマニュアルをしっかり確認してくださいね。

なんと！ 似たようなデカールがもうひとつ！ 穴の位置合わせもあるので、気を抜けない作業ですな。

MEMO
- **目安時間** 作業1時間
- **難易度** ふつう
- **道具** ナイフ／ハサミ／ピンセット／マークフィット／塗料皿／水／ティッシュペーパー

★ 長いデカールの扱いに注意！

[デカールを貼る]

今回のキットに貼るデカールは甲板の2点だけですが、簡単な作業ではありません。長くて扱いにくいデカールなので、油断大敵です。また機銃を取りつける穴の位置もあるので、マニュアルとキット、デカールをしっかり確認しながら進める必要があります。

1 マークフィット
デカールを柔らかくして模型にフィットさせる柔軟剤。接着を強める効果もある。

2 マークフィットを塗る
デカールを貼る場所にマークフィットを塗ろう。意外と弾くので、たっぷりと塗っておいたほうがよい。

3 台紙をずらしながら貼る
デカールを台紙から外して貼ろうとすると、丸まったり折れたりしてしまうので、台紙ごと貼る場所へ持って行く。

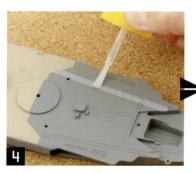

4 デカールの上からマークフィットを塗る
デカールが貼る位置に定まったら、もう一度マークフィットを塗る。デカールの上からたっぷりと塗るといい。

5 綿棒でおさえる
水で濡らした綿棒を使ってデカールをおさえ、フィットさせていく。あまり強くおさえると位置がズレたりするので注意しよう。

綿棒の側面でやさしく

★ でき上がり

TECHNIQUE LINK　P40「デカールの貼り方」

Lesson 4-15 軍艦旗の取りつけ

いよいよ最後の仕上げに入ります！ 船尾の旗棒に軍艦旗を取りつけましょう。これは紙でできていますので、紙用ののりと瞬間接着剤を使用してください。また扱いも丁寧にしないと、すぐに折れたり汚れたりしますよ。

おお！ 風にたなびく軍艦旗！ ワクワクしてきますな〜。

MEMO
- 目安時間 作業1時間
- 難易度 ふつう
- 道具 ナイフ／金定規／紙用のスティックタイプののり／瞬間接着剤
- ★ 軍艦旗は紙製なので扱いに気をつける！

[軍艦旗の取りつけ] 軍艦旗は紙製なので、プラスチックとは扱いが異なります。プラスチック用接着剤は使わずに、紙用のスティックタイプののりと瞬間接着剤を使用します。そして最後の仕上げは、船首にある菊花紋章の塗装です。

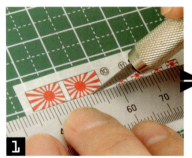

1 ナイフで丁寧に切り取る
フリーハンドで切らずに、金定規を使用すること。ガタガタに切り出すと、カッコ悪くなるので気をつける。

2 紙用ののりを使用する
旗を中央で折って接着し、ひとつの旗にする。プラスチック用の接着剤ではなく、紙用のスティックタイプののりを使用。

 ワンポイントアドバイス

旗棒に巻きつけない
軍艦旗の折り目の白い部分を旗棒に巻きつけて取りつけると、安定はしますが見栄えはイマイチ。リアルさを追究するなら避けましょう。

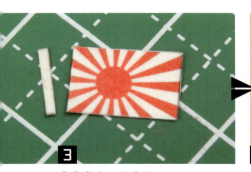

3 余白をカットする
旗棒に巻きつける部分の白い余白は、ナイフなどでカットする。金定規を使って、きれいにまっすぐ切り取ろう。

4 瞬間接着剤で取りつける
旗棒に接着する軍艦旗の部分はわずかな厚みしかないので、紙に染み込まないゼリー状の瞬間接着剤で取りつけよう。

5 菊花紋章を塗装する
最後の仕上げ。船首の先端にある黄金に輝く菊花紋章を、ゴールドで筆塗装しよう。

Lesson 4-16

艦載機の塗装

「大和」本体は完成！　後は艦載機を残すのみ。オプション的な存在の艦載機ではありますが、船尾のカタパルトに取りつけると、いいアクセントになりますよ。とても小さく塗装も大変ですが、ここは最後までがんばって完成させましょう！

ついに完成！　と思ったら、まだ作業が残っているとは…。ここまできたら最後にもうひとがんばりせんと！

MEMO

目安時間 作業 4 時間
難易度 むずかしい
道具 ニッパー／ナイフ／紙ヤスリ／接着剤／塗料／溶剤／塗料皿／筆／ピンセット／水／マークフィット

★とにかくパーツが小さいので、作業は慎重に！

Lesson 4　艦船模型

艦載機の組み立てと塗装

今回のキットには、零式三座水上偵察機と、複葉機の零式水上観測機の 2 種類の艦載機が付属しています。どちらもフロートのついた水上機です。日の丸のデカールを貼るところがありますが、さらに小さいものなので慎重に貼りつけましょう。

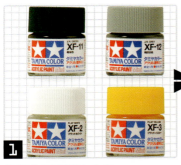

1 使用する塗料は 4 色
「XF-11 暗緑色」「XF-12 明灰白色」「XF-2 フラットホワイト」「XF-3 フラットイエロー」を使用 (キャノピーはのぞく)。

2 下面を明灰白色で塗装する
まず筆を使って、機体の下面を明るい色である明灰白色で塗装しよう。フロートが取れやすいので注意。

3 上面を暗緑色で塗装する
下面が乾いたら、次に上面を暗緑色で塗装する。キャノピーは「X-11 クロームシルバー」で塗装する。

4 主翼前面はまずホワイトを塗装
主翼前面の黄色い部分は、まずホワイトを塗ること。ホワイトを塗らずにイエローを塗装しても、きれいに発色しない。

5 ホワイトを塗った後にイエローを塗装
先に塗装したホワイトが十分に乾燥したら、その上にイエローを塗装する。あまり何回も塗ると、ホワイトが溶け出すので注意。

★でき上がり

TECHNIQUE LINK　P42「筆塗装」

Completion

完成

タミヤ 1/700
日本戦艦 大和

世界一の巨大戦艦「大和」の凛々しさを、1/700 スケールで見事に再現されている良キット。ただほとんど戦闘の機会がなかった悲運の戦艦でもあるため、あまり汚し塗装をしないで、美しさを残して仕上げています。

大和の凛々しくそびえる艦橋は迫力がある。1/700という小スケールでも、その巨大さがわかるほど。
主砲の46センチ砲は、可動式のため好きな向きに動かすことができるので、いろいろと動かして表情に変化をつけるといいだろう。前後にふたつある副砲と、艦橋の天辺にあるレーダーも回転させることができる。

大和の甲板上にある建造物は、基本グレイ一色で塗装されている。そのため、ただ塗装しただけでは味気ないので、スミ入れやウェザリングなどがより重要になってくる。
前後に長い大和を撮影すると奥や手前にピントが合わない。それが逆によい写真となっている。

Lesson 4 艦船模型

カラーレシピ

船体・甲板
タミヤ 缶スプレー
▷ TS-66 呉海軍工廠グレイ（日本海軍）

甲板
タミヤ 缶スプレー
▷ TS-68 木甲板色

★以下すべてタミヤ アクリル塗料

艦底
▷ XF-9 ハルレッド

探照灯
▷ X-11 クロームシルバー

菊花紋章
▷ X-12 ゴールドリーフ

煙突
▷ XF-1 フラットブラック

主砲
▷ XF-2 フラットホワイト

艦載機
▷ XF-2 フラットホワイト
▷ XF-3 フラットイエロー
▷ XF-11 暗緑色

▷ XF-12 明灰白色
▷ X-11 クロームシルバー

機銃
▷ XF-56 メタリックグレイ

GALLERY 3

Battleship model

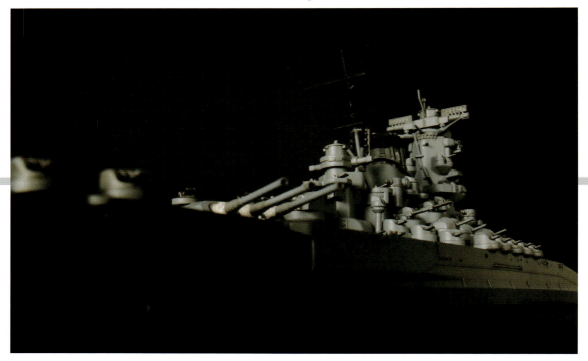

実際の大和は巨大なので、その大きさをあらわすにはなるべく下からアオリ撮影するといいでしょう。写真（下）のように太陽光の下で撮影すれば、色みもリアルさを増します。空を背景に撮影しましたが、海をバックに撮影するのもいいかもしれません。

自動車模型

▶ 使用キット：1/24 NISSAN フェアレディZ（Z34）（タミヤ）

Lesson 5

世界各国のさまざまな車種が発売されている自動車模型。中心的なスケールは1/24スケール。全長20センチ前後と手頃なサイズなので、コレクションに最適です。またはじめてつくるなら、アイテム数が多い1/24スケールがおすすめ。本書では、比較的身近に存在する乗用車の「フェアレディZ」に取り組みます。

先生

生徒

一見プラモデルにはまったく興味がなさそうな女性。しかし、意外とスイーツデコなどのアクセサリー製作の経験はある。彼氏がプラモをつくるのでなんとなく感覚はわかっている。ドライブが趣味なので、自動車模型に興味を持った。

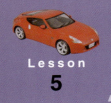

Lesson 5

プロローグ
自動車模型とは？

Before

After

国内・海外を問わず、さまざまな車種が販売されている自動車模型。街中を走っている乗用車から、スーパーカー、クラシックカー、F1などのレーシングカーやラリーカー、はてはトラックや大型バス、デコトラまで、多種多様な自動車のプラモデルがあります。スケールも1/24をメインに、1/20や1/16、1/12と豊富にあります。

おすすめのキット
- 1/24 マツダ ロードスター（タミヤ）
- 1/24 トヨタ86（タミヤ）
- 1/24 スバル BRZ（タミヤ）
- 1/24 NSX（タミヤ）
- 1/24 ホンダ N360（N II）（ハセガワ）
- 1/24 フォルクスワーゲン ニュービートル（タミヤ）

カーモデルは1/24がメイン

　カーモデルの中心的なスケールは1/24スケール。国内・海外メーカーを問わず、世界各国のさまざまな車種が販売されています。全長20センチ前後と手ごろなサイズなのでつくりやすく、コレクションにも最適です。はじめてつくるなら、アイテム数が多い1/24スケールから選ぶのがよいでしょう。

　F1やインディーカーなどのフォーミュラマシンは、少し大きめの1/20スケールが主流。その多くはエンジンなども再現されています。また、1/24や1/20は仕様変更のためのオプションデカール、エアロパーツなどの改造用パーツなどが充実しているのも特徴です。

　1/16スケール、1/12スケールは大型の特殊サイズ。内部まで精密に再現されており、実物をつくり上げるような楽しさを味わうことができます。塗装面積が広く、パーツ数も多いので、どちらかというと上級者向けのアイテムです。

　1/32スケールは、乗用車などは少なく、トラックなどの大型車両が中心。観光バスや路線バス、デコトラなどのプラモデルも発売されています。

　カーモデル、とりわけ乗用車は、本書で紹介するプラモデルの中でも唯一、実物に手を触れることができる身近な存在です。自分の乗っているクルマと同じ色に塗装して、愛車を机上に飾ることもできますし、フェラーリやポルシェなど憧れのスーパーカーを何台も集めるのもまた楽しいでしょう。

Car model

自動車模型（部位の名称）

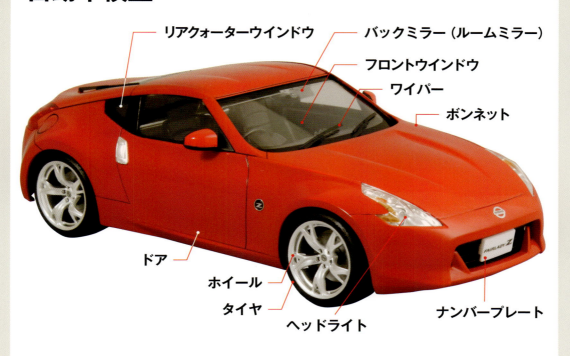

Lesson 5 自動車模型

Lesson 5-1

[自動車模型]
製作前に確認しておくこと

カーモデルを手に入れたら、まずは箱の中身をチェック。箱の中に入っているパーツを確認し、マニュアルをよく読んで作業手順を確認しましょう。製作に取りかかる前に、作業計画を立てておくのも大事なポイントです。さっそく箱を開けてみましょう。

MEMO	
目安時間	作業1時間
難易度	やさしい
道具	ニッパー／ナイフ

★パーツをえぐらないように注意！

箱を開ける瞬間ってワクワクするわ〜！　大事な愛車をきれいにつくってあげたいな。よろしくお願いします！

使用キット

タミヤ 1/24 NISSAN フェアレディ Z(Z34)

日本を代表するスポーツカー「NISSAN フェアレディ Z」の6代目。筋肉質なボディフォルムが実車そのままに再現されています。インテリアは国内仕様と輸出仕様の選択式。個性的なブーメラン型の前後ライトは、クリアーパーツとクリアーレッドパーツで構成されています。オプション設定の前後スポイラーパーツも付属しています。

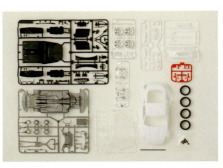

ランナーはA〜Gまであり、色つきのプラパーツ、クリアーパーツのほかに、つやあり、つや消しの2種類のメッキパーツが付属している。タイヤのパーツはソリッドゴム製。エンブレムやドアミラー面のマークは、金属製のインレットシール。水転写式のデカールも付属している。

製作工程

ボディの光沢仕上げを目標に、エアブラシ塗装とコンパウンドを使用した研ぎ出しを行います。ボディの塗料の乾燥待ち時間を利用し、内装とシャーシ(車体下部)の組み立てや塗装を進めましょう。

1日目
- パーツの仮組み (P142)
- パーツの接着 (P143)

▶

2日目
- パーツの整形・表面処理 (P144)

▶

3日目
- 下地(サーフェイサー)塗装 (P146)
- 塗装前の下処理 (P148)

▶

4日目
- ベースホワイトの塗装 (P149)
- エアブラシ塗装 (P150)
- クリアー塗装 (P152)

5日目
- ボディの研ぎ出し (P154)

6日目
- シャーシ・インテリアの組み立て (P158)
- クリアーパーツのマスキング (P160)

7日目
- 窓枠のマスキング (P162)
- 最終組み立て (P164)

 完成！

TECHNIQUE LINK　P29「パーツの切り離し方」

マニュアルとパーツの確認

まずマニュアルを開いて、一通り目を通しましょう。マニュアルをよく読むことで、全体の作業の流れを把握するだけではなく、作業計画を立てるのに役立ちます。マニュアルには作業に必要な塗料が記載されているので、作業する前にそろえておくと、スムーズに作業をはじめることができます。作業手順と合わせて、塗り分け部分やデカール、インレットシールを貼る位置なども確認。マニュアルを読みつつ、完成までの作業イメージを固めておきます。

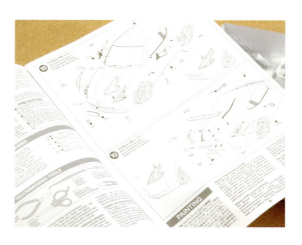

クリアーパーツに
キズがつかないように保管する

キズがつきやすいクリアーパーツは、チャックつきの袋に入れて保管するとよいでしょう。クリアーパーツにキズがつくのを防ぎます。キットの箱を開けてパーツの状態を確認したら、一番大きな窓のクリアーパーツをランナーから切り離し、別の袋に保管。万が一キズがついてしまったら、コンパウンドで磨くとよいでしょう。浅いキズを消すことができます。でも、まずはキズをつけないことが一番大切。クリアーパーツの保管に気をつかって、きれいな仕上がりを目指しましょう。

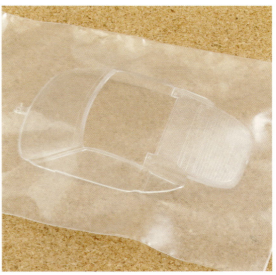

仮組み

パーツの切り離し
ランナーからパーツを切り離す。パーツをえぐらないように、パーツぎりぎりをカットせず、ゲートを大きく残してカットする。

パーツのゲートをカットする
ランナーから切り離し、ニッパーで残ったゲートを切り取る。ぎりぎりでカットするのではなく、ほんの少しゲートを残しておく。

ゲートをナイフで削る
わずかに残ったゲートをナイフで削る。削りすぎないように、状態を確認しながら少しずつ削るのがポイント。

パーツの仮組み

Lesson 5-2

カーモデルをつくっていきましょう！ 箱を開けたらまずは「仮組み」して、パーツの状態を確認します。すべてのパーツを仮組みする必要はなく、パッと見た時にわかりやすい、ボディやシャーシの大きなパーツのみ、ランナーから切り離して組み立てればOKです。さっそくやってみましょう。

確かに、大まかなパーツを組み合わせて完成形を把握しておけば、作業計画を立てるのにも役立つわね！

MEMO
- 目安時間　作業1時間
- 難易度　やさしい
- 道具　ニッパー／ナイフ／マスキングテープ／ヤスリ

★仮組みした時にすき間がないかしっかり確認！

[パーツを仮組みする]

パーツの合わせを確認しながら、テープで仮止めして組み立てましょう。この作業を「仮組み」といいます。完成した状態の確認や、すき間などがないかチェックします。

すき間や不具合を発見したら接合部を確認！

1 パーツを合わせてすき間がないか確認する
接着するパーツ同士を合わせて、すき間がないか確認する。パーツにすき間ができるようなら、すり合わせなどの対処をする。

2 マスキングテープで仮止めする
仮組みしたパーツは、完成形の確認後に再びバラバラにするので、はがしやすいマスキング用のテープを使って固定するとよい。

仮組みしたボディとシャーシ
ボディとシャーシの仮組みを行った。仮組みは、ボディの接着するパーツやシャーシの大きなパーツを組めばOK。

ワンポイントアドバイス

仮組みの重要性

「仮組み」は組み上がった時の全体形を把握し、すき間や不具合をなくすための作業です。パーツにすき間ができたら、まずパーツの接合部をよく確認します。必要ならばパーツを削って整形、すき間をなくす加工、すり合わせをします。パーツを削りすぎると逆にすき間が広がることがあるので、削る際にはくれぐれも慎重に行います。
塗装後は塗装した分、パーツの厚みが増すので、接合部を削るなどの調整が必要な場合もあります。これから行う作業の工程を考えながら、仮組みするようにしましょう。

TECHNIQUE LINK　P29「パーツの切り離し方」

Lesson 5-3

パーツの接着

仮組みをしてパーツにすき間ができないか確認したら、パーツを接着していきましょう。なめらかで美しいボディに仕上げるために、接着にも気をつかいたいところ。接着剤をつけすぎてパーツを溶かしてしまったり、接着剤が表側に流れないように気をつけて作業しましょう。

接着剤の量の加減が難しいわ…。パーツを溶かさないように気をつけないと…。

MEMO

目安時間 作業1時間 乾燥1日

難易度 ふつう

道具 ニッパー／ナイフ／流し込み接着剤／マスキングテープ

★接着剤を使うので換気を忘れずに！

[パーツを接着する]

仮組みをして不具合がないかを確認したら、パーツを接着します。接着にはプラモデル用接着剤の流し込みタイプを使用。接着剤が表側に流れないように気をつけて接着します。

1 接着するパーツとプラモデル用接着剤を用意

接着するボディのパーツと、プラモデル用接着剤を用意する。流し込み接着剤は、接着剤の中でもとくに揮発性が高いので、窓を開けて換気を心がけよう。

2 接着剤を裏側から流す

接着剤のハケをパーツの裏側に当て、パーツの接着面に接着剤を流し込んで接着する。大量に流すと、パーツが溶けるので注意する。

3 表側に流れないように注意

接着剤がパーツの表面に流れないように、接着剤の量にはくれぐれも注意する。指をそえる位置にも気をつけよう。

4 マスキングテープで補強する

接着後は半日～数日乾燥させる。接着剤の乾燥後に、この後の作業に備えて、ボディの裏側にマスキングテープを貼って補強する。

🔗 **TECHNIQUE LINK**　P33「パーツの接着と修正」

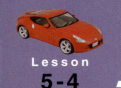

Lesson 5-4 パーツの整形・表面処理

接着剤が乾燥したら、パーツの接着面の段差やパーティングラインを削って、パーツの形を整えましょう。光沢塗装を行うカーモデルでは、パーツの表面をなめらかに整えておくことがとても重要です。しかし！　削りすぎは禁物。パーツの形を確認しながら丁寧に作業しましょう。

うう…。接着してすぐに塗装ができると思ったのに…。パーツの整形って、けっこう手間がかかるのね〜。

MEMO

- 目安時間　作業2時間　乾燥半日〜1日
- 難易度　ふつう
- 道具　紙ヤスリ／スポンジヤスリ／歯ブラシ

★パーツの表面を削りすぎないように！

[パーツを整形する]　接着剤が乾いたら、パーツの接合部を確認しましょう。パーツを接着した部分にできた段差を、紙ヤスリで削って整えます。

1　接着面の段差を削る
別々のパーツを組み合わせた部分には、段差ができやすい。指で触って段差ができている場合は、400番の紙ヤスリで削って整える。

2　パーツの側面を削る
別々のパーツを組み合わせた側面も、段差ができやすいところ。角を削って丸くしないように気をつけながら、紙ヤスリで整形する。

3　曲面はスポンジヤスリを使う
写真のようにカーブしている箇所は、曲面にフィットするスポンジヤスリを使うとよい。カーブにぴったり当てて削ろう。

ワンポイントアドバイス

段差や形状によってヤスリを使い分ける
カーモデルは曲面が多いので、パーツの形状によって、紙ヤスリやスポンジヤスリなどを使い分けるとよいでしょう。パーツにフィットするヤスリを選ぶのがコツです。

TECHNIQUE LINK　P32「ゲート・パーティングライン処理」

［パーティングラインを削る］

パーティングラインとは、金型の分割線のこと。本来の車にはない線なので、紙ヤスリで削って消したほうが、仕上がりがよりリアルになります。

1 パーティングライン
写真の赤丸部分がパーティングライン。これをキレイに処理するか、しないかによって、仕上がりに差が出ます。

2 紙ヤスリでパーティングラインを削る
400番の紙ヤスリで、パーティングラインを削る。白いボディは、表面の凹凸が見えにくいのでしっかり確認しよう。

［ボディ表面のわずかなへこみ「ヒケ」を削る］

パーツ表面のわずかなへこみ（ヒケ）を、紙ヤスリで削って整形しましょう。600番→800番の順で、ボディの表面全体を磨くように削ります。

塗料ののりがよくなってツヤが出やすくなります

1 ボディの表面のヒケを削る
600番の紙ヤスリで、ボディの表面を削る。次に800番の紙ヤスリで削り、400、600番の紙ヤスリでできたキズをなめらかにする。

ワンポイントアドバイス

紙ヤスリの動かし方
紙ヤスリは、力を入れずにクルクルと回すように動かします。「削る」というよりは、パーツの表面をすべすべに磨くイメージ。削りすぎに気をつけましょう。

2 水をつけながら水砥ぎする
1000番の紙ヤスリに水をつけて「水砥ぎ」を行う。水砥ぎすることで、紙ヤスリの目詰まりを解消し、よりなめらかに仕上げる。

3 削った時についた粉を洗い流す
塗装前にパーツを水洗いする。パーツ表面についた油分や紙ヤスリの削り粉を、歯ブラシで洗い落とす。洗浄後は一晩乾燥させる。

Lesson 5　自動車模型

Lesson 5-5

下地（サーフェイサー）塗装

続いて、下地材のサーフェイサーを塗装していきます。一応、塗装作業ですが、ここでは色をつけることが目的ではなく、この後の塗装をよりきれいに行うための下地づくりが目的です。缶スプレータイプのものもありますが、ここではビン入りのサーフェイサーを使います。

やっと塗装作業だと思ったら、次は下地の塗装なのね。でも、お化粧でも下地が大事！　丁寧に作業しようっと。

MEMO
- 目安時間　塗装1時間／乾燥3時間
- 難易度　ふつう
- 道具　エアブラシ／サーフェイサー／Mr.カラーうすめ液／調色スティック／ティッシュペーパー／持ち手用の缶・ビン
- ★エアブラシ塗装をするので必ず換気を！

サーフェイサーとは？

サーフェイサー（以下、サフ）は塗料のくいつきをよくするための下地剤です。パテ成分が含まれているので、小さなキズを埋める効果や、パーツ表面のキズやホコリを見つけやすくする効果があります。しかし吹きすぎると、パーツのミゾを埋めたりシャープな形が損なわれてしまうことも。

また、明るい色を塗装する場合は、サフの影響を受けて暗くなってしまうことがあります。目的に合わせて使いましょう。

サーフェイサー
ビン入りのサフをラッカーうすめ液で希釈して、エアブラシで塗装する。サフは缶スプレータイプもある。

1　ビンをよく混ぜる
ビン入りのサフは、パテ成分が沈殿していることがあるので、50〜100回ほどかき混ぜる。

2　紙コップに入れて濃度を調整する
紙コップや塗料皿に、500円玉一枚分くらいの量を出して希釈する。調色スティックにはわせるように注ぐと、こぼれにくい。

スポイトを使うと調整しやすい

3　うすめ液を加えて2〜3倍に薄める
紙コップに出したサフに、Mr.カラーうすめ液を加えて希釈する。サフの濃さにもよるが、2〜3倍が目安。

146　TECHNIQUE LINK　P44「エアブラシ①②」

[下地（サーフェイサー）塗装する]

サフを塗装していきましょう。塗装前に大きめの筆やハケを使って、パーツ表面についたホコリを取り除いておくとよいでしょう。

1　パーツとエアブラシとの距離

エアブラシとパーツの距離は10センチほど。近すぎるとサフが流れ、離しすぎると仕上がりがザラザラになる。

2　1回目　窓枠や奥まったところから塗装する

塗りはじめは窓枠などのパーツのフチ、奥まった部分を中心に塗装する。全体をサッと塗装したら20分ほど乾燥させる。

乾燥時間 約20分

3　2回目　少しずつ塗り広げていく

2回目は、1回目に塗装したフチや奥まった部分を再度塗装し、少しずつ塗り広げていく感覚で進めていく。

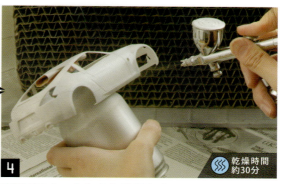

4　表面がツヤッとしたら乾燥させる

一度に大量に吹きすぎないように注意しながら塗装し、パーツの表面がツヤッとしたら手を止めて乾燥させる。

乾燥時間 約30分

5　全体に吹きつけて仕上げる

仕上げは、パーツ全体にサフを吹きつける。表面のムラを消すように塗装しよう。これまでの塗装と同じく、表面がツヤッとしたら手を止めて乾燥させる。

サーフェイサーを塗装した状態

ムラなくサフを吹いたら、数時間～半日ほど乾燥させる。サフは厚く吹かず、薄い塗膜で全体を均一に塗装することがポイント。

Lesson 5　自動車模型

Lesson 5-6 塗装前の下処理

サーフェイサーを薄く均一に吹くことができましたね。しかし、これで終わりではありません。サーフェイサーのわずかなざらつきを、紙ヤスリで削ってなめらかにしましょう。水砥ぎをすることで、紙ヤスリとパーツとの摩擦熱がおさえられて、よりなめらかな仕上がりになります。

車のボディって、徹底的にキズやへこみを処理していくのね～。一番目立つところですもの、がんばるわ！

MEMO
- 目安時間　作業1時間／塗装1時間／乾燥半日～1日
- 難易度　むずかしい
- 道具　エアブラシ／紙ヤスリ／スポンジヤスリ／サーフェイサー／Mr.カラーうすめ液／持ち手の缶・ビン

★パーツを削りすぎないように！

［塗装前の下処理をする］

サーフェイサー(以下、サフ)を吹いたパーツの表面は、一見なめらかに見えますが、実は目に見えないざらつきがあります。このわずかな凹凸を目の細かい紙ヤスリでなめらかに削りましょう。

1 ホコリやキズがないかチェックする
パーツの表面をよく見て、ホコリやキズがないかチェックする。ホコリがついているのを見つけたら、紙ヤスリで削って落とそう。

2 水砥ぎしてホコリやキズを削る
ホコリやキズ、サフのわずかなざらつきをなめらかにするため、水砥ぎを行う。2000番のスポンジヤスリで磨くように削る。

表面がすべすべになります！

3 表面を削ったパーツ
水砥ぎをして半日～1日乾燥させたパーツ。ホコリやキズを削って下地が出てしまった部分は、再度サフを塗装する。

4 サフを再び塗装する
ホコリやキズを削って下地が出てしまった箇所を中心に、サーフェイサーを塗装する。厚く吹かないように注意して塗装する。

Lesson 5-7

ベースホワイトの塗装

サーフェイサーの上に、白い下地材のベースホワイトを塗装していきましょう。サーフェイサーの上に赤などの明るい色を塗装する際には、下地色の影響を受けて色が暗くなってしまうことがあります。そこで、下地に白を吹いておくと、鮮やかな赤色になります。

下地の影響を受けにくい、暗い色を塗装する時は、サーフェイサーの上に直接塗装してもいいのね。

MEMO
- **目安時間** 塗装2時間 乾燥1時間
- **難易度** ふつう
- **道具** エアブラシ／ベースホワイト／Mr.カラーうすめ液／調色スティック／ティッシュペーパー／持ち手用の缶・ビン
- ★エアブラシ塗装をするので必ず換気を！

ベースホワイトとは？

ベースホワイトとは、その名の通り白い下地材です。今回は下地の影響を受けやすい、赤い色を塗装するので、下地の色を白にしておいたほうがより鮮やかに発色します。ベースホワイトは隠ぺい力（下地を覆い隠す力）が高いので、比較的早く白く発色する特徴があります。塗料の扱い方はサーフェイサー（以下、サフ）と同じです。塗膜が厚くならないように、薄く何回も吹き重ねて塗装しましょう。

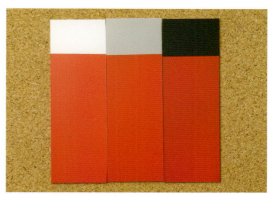

下地の影響
赤や黄など、下地の影響を受けやすい色を塗装する時には、注意が必要。写真は白、サフ、黒の下地の上に赤を塗装したもの。発色に大きな差が出るのがわかる。

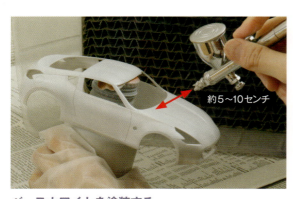

ベースホワイトを塗装する
Mr.カラーうすめ液で2～3倍に希釈したベースホワイトを塗装する。パーツとの距離は5～10センチほど。

少しずつ塗り広げます

少しずつ塗装して発色させる
塗装の手順はサフと同じで、少しずつ塗り広げていく。白は乾燥すると色が沈むので、白く発色しているか確認する。

Lesson 5 自動車模型

TECHNIQUE LINK P44「エアブラシ①②」

Lesson 5-8 エアブラシ塗装

さて、お待ちかねのボディの塗装をします！　最初は、塗料ののりにくいパーツの端から塗装します。一度塗っただけでは塗料は発色しないので、塗装と乾燥を何度も繰り返して発色させていきましょう。くれぐれも吹きすぎて塗料が垂れないように気をつけてくださいね。

吹き足りない部分は後でいくらでも塗装できるものね。待ちに待った塗装作業、きれいに仕上げるぞ～！

MEMO
- 目安時間　塗装2時間／乾燥1週間
- 難易度　ふつう
- 道具　エアブラシ／塗料／Mr.カラーうすめ液／調色スティック／ティッシュペーパー／持ち手用の缶・ビン
- ★エアブラシ塗装をするので必ず換気を！

エアブラシでボディを塗装する

エアブラシでボディを塗装しましょう。ポイントは、塗装と乾燥を繰り返して何度も色を重ね、少しずつ発色させていくことです。あせらずじっくり取り組みましょう。

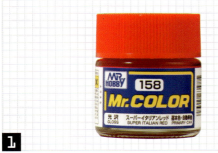

1　塗料：スーパーイタリアンレッド
塗料はMr.カラー158番「スーパーイタリアンレッド」を使用する。Mr.カラーうすめ液で2～3倍に薄めて塗装する。

2　1回目　塗りはじめはパーツのフチから塗装
エアブラシをパーツから3～5センチほど離して、細吹きで塗装する。塗料ののりにくいパーツのフチや、奥まった部分を塗装する。

3　1回目　フチやミゾを塗ったら乾燥させる（乾燥時間15～30分）
全体にうっすら色がついたところで乾燥させる。乾燥時間は15～30分程度。この段階では下地が見えていても大丈夫。

4　2回目　1回目に塗装した部分を塗り広げる
1回目と同じく、最初に塗料ののりにくいところを塗装する。その後、1回目に塗装したところを広げるようなイメージで塗装していく。

TECHNIQUE LINK　P44「エアブラシ①②」

5 2回目　**パーツから8センチほど離して塗装する**

フワッと全体に塗装。エアブラシとパーツはやや遠め、約8センチ離して塗装する。塗装後は15～30分ほど乾燥させる。

乾燥時間 15～30分

6 3回目　**ムラをなくすように全体を塗装する**

塗りムラを消すように、車体上部や側面に2～3回塗料を吹きつける。塗装後は塗りムラがないか確認し、30分ほど乾燥させる。

乾燥時間 約30分

7 4回目　**さらに吹き重ねて全体を塗装する**

一度に大量に吹きつけると塗料が流れてしまうので、少しずつ塗りムラを消すように意識して塗装するのがポイント。

乾燥時間 約30分

8 5回目　**パーツから10センチほど離して全体を塗装する**

仕上げは、エアブラシをパーツから10センチほど離して、ボディ全体を塗装する。表面がツヤッと濡れたら手を止めて乾燥させる。

乾燥時間 30分～1時間

塗っては乾かしを繰り返して塗装する

30分～1時間ほど乾燥させて、塗りムラがないか最終チェック。美しい光沢に仕上げるため、塗装と乾燥を繰り返して少しずつ発色させていく。

ワンポイントアドバイス

塗装面にホコリがついたら？

塗装した面にホコリがついたら、紙ヤスリなどに水をつけて水砥ぎします。削って下地が見えてしまったところは、再び塗装します。

Lesson 5　自動車模型

151

Lesson 5-9

クリアー塗装

 塗装した車のボディをさらにピカピカにしちゃいましょう。クリアーのコート剤を吹きつけることで、表面が光沢になります。扱い方はほかの塗料と同じです。この後に「研ぎ出し」という作業をするので、クリアーを吹き重ねてクリアーの層をしっかりつくっておきましょう。

パーツ表面にサッと吹きつけるつや消しスプレーと違って、クリアー塗料は何度も吹き重ねるのね。

MEMO
- 目安時間：塗装2時間　乾燥1週間
- 難易度：ふつう
- 道具：エアブラシ／クリアー塗料／Mr.カラーうすめ液／調色スティック／ティッシュペーパー／ハケ
- ★クリアー層をしっかりとつくる！

クリアー（コート剤）とは？

クリアー(コート剤)は、ツヤをコントロールするためのコート剤です。エアブラシで塗装する場合は、Mr.カラーGX100 スーパークリアーをレベリングうすめ液で3倍程度に薄めて塗装します。缶スプレーの場合は、Mr.スーパークリアーの光沢を使用します。光沢を出すだけの場合は3回ほど、研ぎ出しをする場合は6～8回ほど塗り重ねて、クリアー層を厚めにつくりましょう。

表面のホコリをはらう
クリアーの塗料は透明なので、表面にホコリや汚れがついていると目立ってしまう。塗装する前にハケなどでホコリをはらう。写真のハケは化粧ブラシ。

1 パーツから5センチほど離して塗装する
エアブラシとパーツの距離は5センチほど。パーツの表面にサッと塗料をのせるように塗装する。

約5センチ

2　1回目　塗りはじめはざらざらする
塗りはじめは、ツヤは出ず、表面がざらざらする。下地をつくるための作業で「砂吹き」という。塗装後、30分ほど乾燥させる。

乾燥時間 約30分

3 2回目 角やミゾを中心に塗装する

2回目は、車体下部の角になっている部分やミゾなど、塗料がのりにくい場所を重点的に塗装する。少しツヤが出てきた程度で手を止めて、30分ほど乾燥させる。

乾燥時間 約30分

ワンポイントアドバイス

パーツの角や出っ張っている部分はしっかり塗る

パーツの角は、コンパウンドで磨く時にクリアー層が削れて下地が出やすいので、重点的に塗装します。クリアー層をしっかりとつくっておくことが大事。

4 3〜5回目 全体にムラなく塗装

ボディにツヤが出た状態。この段階ではムラがあり、まだまだ吹き重ねが必要。クリアーは透明で状態がわかりにくいため、明るい場所で確認しながら塗装しよう。

乾燥時間 各約30分

ワンポイントアドバイス

パーツ全体にクリアー層ができるように塗装する

コンパウンドで磨く時、クリアー層が削れて下地が出てしまうと、再塗装しないといけなくなります。念には念を入れて、クリアー層をつくっておきましょう。

5 6回目 全体がツヤツヤしたら乾燥

塗装と乾燥を繰り返し、6回ほど塗り重ねた状態。仕上げに全体にクリアーを吹きつけて、表面がツヤツヤしたら1時間ほど乾燥させる。乾燥後、問題がなければさらに乾燥させる。

乾燥時間 約1時間

塗装後は1週間ほど乾燥させる

塗装後、1週間ほど乾燥させた状態。明るい場所で確認して光沢にムラがあれば、再びクリアーを塗装する。

6 クリア塗装 前 / クリア塗装 後

乾燥時間 約1週間

Lesson 5　自動車模型

Lesson 5-10

ボディの研ぎ出し

クリアー塗装をして1週間ほどしっかり乾燥させたら、研ぎ出しをしてボディをピカピカに磨き上げましょう。最初に2000番のヤスリで磨く際に、クリアー塗装でできた光沢がなくなって不安になるかもしれませんが、コンパウンドで磨くうちにツヤが出てくるので大丈夫！

カーモデルは光沢が命！ピッカピカに磨いてあげようっと。研ぎ出しって楽しい！　あ、削りすぎちゃった……。

MEMO

- 目安時間　作業4時間
- 難易度　むずかしい
- 道具　コンパウンド／専用クロス／ピンセット／ツマヨウジ／綿棒／ティッシュペーパー

★クリアー層を削りすぎないように気をつける！

研ぎ出しをしてさらに光沢を出す

コート剤のクリアー層をペースト状の研磨剤「コンパウンド」で磨き上げ、ツヤをさらに出す作業を「研ぎ出し」といいます。研ぎ出しはクリアー層を削るので、下準備としてクリアー層を厚めにつくっておくことと、クリアー塗装後に1週間ほどしっかり乾燥させることがポイント。クリアー層のわずかなうねりや凹凸を、紙ヤスリやコンパウンドで削り、なめらかな美しい面をつくりましょう。

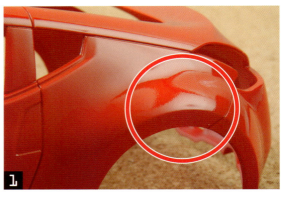

1　パーツ表面のうねり

一見、平滑に見えるボディの表面をよく見てみると、わずかなうねりがあるのがわかる。これは塗料やクリアー層の凹凸。研ぎ出しの作業でこれらを削ってなめらかにする。

紙ヤスリはやさしくなでるように当てます

2　パーツの表面を2000番の紙ヤスリで削る

2000番程度の目の細かい紙ヤスリやスポンジヤスリで、クリアー層のわずかな凹凸を削る。力を入れすぎないように注意する。

3　表面を削ってツヤが消えた状態

クリアー層の表面を削るため一時的にツヤが消えてしまうが、この後の作業で再び光沢が出てくるので心配しなくて大丈夫。

コンパウンドで磨く際の手の動かし方
コンパウンドをつけたクロスをクルクルと回すようにやさしく動かして、クリアー層を磨いていく。

4 ボディをコンパウンドで磨く
2000番の紙ヤスリで表面を削ったボディを、Mr.コンパウンド細目（3000番相当）を使ってさらに磨いていく。

 ワンポイントアドバイス

専用のクロスを使おう

コンパウンドで研ぎ出しをする時は、研磨用のクロスを使うとよいでしょう。クロスは適度に柔らかく、繊維クズが出にくいものがおすすめです。コンパウンドをパーツに直接つけるとミゾを埋める原因になるので、必ずクロスにとって磨くようにしましょう。磨いていくうちに、ボディの表面にコンパウンドがなくなったら、補充しながら磨きます。
コンパウンドは乾くと硬くなるので、布をこまめに取り替えます。

適度な大きさにカット
研磨用クロスを使いやすい大きさにカットする。

クロスに取って磨く
コンパウンドはパーツに直接つけるのではなく、必ずクロスに取る。

 注意！ 力を入れてボディを持つと接着面が外れるので注意！手をそえる位置に気をつけよう！

パーツ同士を接着した部分に負荷がかかると、パーツが外れてしまうことがあります。仕上げの段階でパーツが外れてしまうと修正が大変。外れたパーツを再接着した時に接着剤がはみ出すと、塗料が溶けてしまいせっかくきれいに塗装や研ぎ出しをしたボディが台なしに。塗装や研ぎ出しでボディを保持する時は、パーツが外れてしまわないように、手をそえる位置や力加減に注意しましょう。

接着したパーツが外れてしまった
接着したパーツに負荷をかけると、外れてしまうので注意する。

負荷をかけない位置に手をそえる
手をそえる位置に気をつけて、パーツに負荷をかけないようにする。

 次ページに続く

Lesson 5-10　ボディの研ぎ出し

5

8000番のコンパウンドで磨く

Mr.コンパウンド細目(3000番相当)で磨いたボディを、さらに細かい粒子のMr.コンパウンド極細(8000番相当)で磨く。

6

仕上げにセラミックコンパウンド

仕上げはセラミックコンパウンドで磨く。ツヤが出たのを確認したら、新しいクロスでパーツに残ったコンパウンドをふき取る。

ワンポイントアドバイス

磨きすぎて下地が出ないように！

クロスの表面をよく見て、下地の色まで削っていないか確認します。クリアー層を削りすぎて下地が出てしまうと、クリアーの再塗装が必要になります。

ワンポイントアドバイス

粒子の大きさを考えて使い分ける

コンパウンドの粒子の大きさは数種類あります(メーカーによっても粒子の大きさが異なります)。粒子の大きさを確認して、用途によって使い分けるとよいでしょう。

ワンポイントアドバイス

研ぎ出しの作業と
パーツ塗装面の状態

研ぎ出しは、パーツの表面のクリアー層や塗料のわずかなうねり、凹凸を削る、仕上げの作業です。目に見えるか見えないかくらいの、塗料のわずかな凸凹をコンパウンドで削ってより平滑にすることで、光を反射した時に美しい光沢が得られます。削るだけではなく、コーティング剤「コーティングポリマー」を塗ることで、高分子のポリマーが目に見えないキズを埋め、より美しい光沢面に整えることができます。

塗装の断面

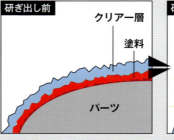

塗料の層やクリアー層にわずかな凹凸がある。

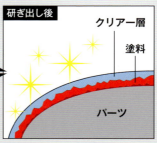

クリアー層が平滑になってより光沢が出る。

156

[削りすぎて下地が出てしまった] パーツの出っ張っている部分や角は、とくに下地が出やすいため磨く時に注意が必要な場所。クリアー層が薄かったり、塗膜を全部削ってしまって下地が出てしまった時は、その部分だけマスキングしてもう一度塗装をやり直します。

1

2

3

削りすぎて下地が見えてしまった
パーツの出っ張っている部分をコンパウンドで削りすぎてしまい、下地のベースホワイトが出てしまった。再度塗装して修正する。

マスキングをして塗装する
塗料が飛び散らないように、下地が出てしまった部分のまわりをマスキング。スーパーイタリアンレッドとクリアーを塗装する。

修正後の状態
目立たなく修正できた。再度塗装するのは、手間がかかるうえにリスクが大きいので、削りすぎに注意しよう。

[コンパウンドがミゾにつまった] パーツのミゾに詰まったコンパウンドは、そのままにしておくと硬くなってしまいます。作業後にパーツを水洗いし、取り除いておきましょう。

チェック！　チェック！

1

極細の柔らかい歯ブラシでもOK

2

コンパウンドがミゾに詰まってしまった
コンパウンドで研磨する際に、パーツのミゾにコンパウンドが詰まってしまった。コンパウンドを水洗いして落とす。

コンパウンドを洗う
コンパウンドを柔らかい筆でかき出すように洗う。パーツの表面をキズつけないように、丁寧な作業を心がけよう。

コンパウンドで研ぎ出しを行ったボディのパーツ。今回、研ぎ出しにかかった時間は、およそ3時間。

★でき上がり

ワンポイントアドバイス

研ぎ出しのポイント

研ぎ出しのポイントは、削る時に力を入れすぎないことと、削りすぎないように注意することです。コンパウンドは目の細かい研磨剤だということを意識しましょう。研ぎ出しに使用するコンパウンドの種類や手順などはほかにもいろいろあるので、自動車模型のつくり方の専門書を参考にしたり、インターネットで調べたりして、自分に合ったやり方を探してみるのもよいでしょう。

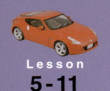

Lesson 5-11 シャーシ・インテリアの組み立て

ボディに塗装した塗料や、クリアーが乾燥するまでの待ち時間が1週間ほどあります。乾燥待ちの時間を利用して、内装やシャーシの製作を進めておきましょう。今回はお手軽に製作しますが、こだわりたい人は内装の再現にチャレンジしてもよいでしょう。

あまり目立たないシャーシやインテリアは、お手軽にサクッと組み立てるのですね！　いい意味での手抜きは大事ですね！！

MEMO
- 目安時間　作業5時間
- 難易度　ふつう
- 道具　ニッパー／ナイフ／流し込み接着剤／紙ヤスリ／ピンセット／ツマヨウジ／塗料／エアブラシ／筆

★マニュアルをよく読んで作業する！

シャーシ・インテリアの組み立て

ボディ以外の部分、シャーシやインテリア(車の内装)の組み立てと塗装を進めます。今回は、インテリアや車の裏側のシャーシはランナーについた状態で塗装してしまいます。本来はパーツをバラバラにして塗装するのですが、手間と時間がかかってしまうのと、ボディをかぶせてしまうとほとんど目立たなくなるので、ここはお手軽に。こだわりたい人は実車を参考に、インテリアや細部を再現するのもよいでしょう。

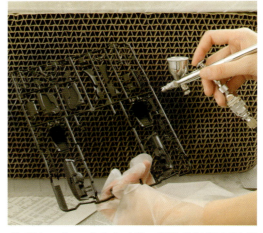

インテリア・シャーシのパーツは、手軽に仕上げるためにランナーについた状態で塗装します。

［メッキパーツの扱い］

メッキでコーティングしてあるパーツは、メッキ特有のギラッとした輝きがあります。ここでは、メッキパーツの扱い方に触れます。メッキコーティングされているパーツは、そのままではプラモデル用接着剤では接着できません。接着面のメッキをナイフで削って、メッキをはがしてから接着します。

1　メッキパーツ
ギラッとした独特の輝きを持つメッキパーツ。このキットには光沢ありとつや消しの2種類のメッキパーツが付属している。

2　接着する部分
メッキパーツは、プラモデル用接着剤で接着できない。接着面のメッキをナイフで削ってメッキをはがしてから接着する必要がある。

3　接着面を削る
カッターやデザインナイフで、接着部分のメッキを削る。ナイフの刃を立てて、カンナ掛けをするように薄くメッキ層を削る。

TECHNIQUE LINK　P33「パーツの接着と修正」　P40「デカールの貼り方」　P44「エアブラシ①②」

[タイヤパーツの処理]

カーモデルのキットには、プラパーツ以外の素材のパーツも付属しています。ここでは、ゴム製になっているタイヤのパーツの扱い方のポイントを紹介します。タイヤの表面にバリやササクレがある時は、ニッパーで切り取って紙ヤスリできれいに整形しましょう。

1 タイヤのパーツのバリ
ゴム製のタイヤの表面には、バリやササクレができていることがある。ニッパーで切り取った後、紙ヤスリで削る。

2 ニッパーでカット
タイヤのバリを、ニッパーで丁寧にカットする。タイヤを回しながら、カーブを描くように切り取っていく。

3 向きに注意してはめる
ホイールにタイヤを取りつける際には、向きに気をつけてはめる。マニュアルのイラストをよく見て、正しい向きに取りつける。

[インレットシールの貼り方]

インレットシールは水転写式のデカールと違い、マークや文字が金属でできているのが特徴です。透明なシートごとカットしてパーツにのせ、マークや文字を擦って転写します。マニュアルで指示されているマークをカットして、さっそく貼っていきましょう。

1 インレットシール
マークや文字が金属でできているインレットシール。貼るシールをカッターやナイフを使って透明な台紙ごとカットする。

2 ピンセットでパーツにのせる
カットしたシールを透明な台紙ごとパーツにのせ、位置決めを行う。斜めになったり、ずれないように気をつけよう。

3 ツマヨウジで擦って貼る
透明な台紙の上からツマヨウジで擦って、パーツに模様を密着させる。擦っている時にマークがずれないように注意。

[インテリアの組み立て]

マニュアルの指示に従い、インテリアを組み上げていきましょう。少しくらいうまくいかないところがあっても、ボディをかぶせると目立たなくなるので大丈夫。

マニュアルを読みながら組み立てる
マニュアルを読みながら、部分塗装、デカール貼り、組み立てを行う。

シャーシ、インテリアのパーツが組み上がった。ホコリなどがつかないように、箱やケースなどに入れて保管しておこう。

★でき上がり

Lesson 5 自動車模型

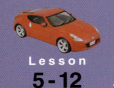

Lesson 5-12

クリアーパーツのマスキング

ボディに塗装した塗料や、クリアーが乾燥するまでの待ち時間でやっておきたい作業その2。窓のクリアーパーツをマスキングして、窓枠部分を塗り分けます。このキットには、窓枠のマスキング用にマスキングシートが付属しています。マスキングテープと併用して作業していきましょう。

フロントガラスのマスキングシートをシワなく貼るのって大変…。マスキング、ちゃんと成功してほしいなあ。

MEMO

目安時間｜作業1時間　塗装30分　乾燥1時間
難易度｜むずかしい
道具｜エアブラシ／ピンセット／塗料／Mr.カラーうすめ液／マスキングテープ／持ち手用の缶・ビン
★塗料がはみ出さないようにしっかりマスキング！

[クリアーパーツをマスキングする]

窓のクリアーパーツを、マスキングして塗り分けましょう。ここでは、キットに付属しているマスキングシートと、マスキングテープを使ってマスキングを行います。

1 マスキングシートを用意する
マスキングシートを用意。このキットには窓枠のマスキング用に、窓枠の形にカットしてあるマスキングシートが付属している。

ワンポイントアドバイス

外側にシートを貼る
説明書では、パーツの内側をマスキングするように指示されていますが、パーツに凹凸があるため毛細管現象で塗料が流れ込んでしまうことが…。ここではより簡単なやり方、付属のマスキングシートで外側をマスキングして塗装します。

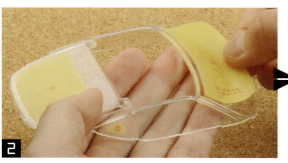

2 マスキングシートをカーブに合わせて貼る
シートをはがしてパーツに貼る。テープがずれたり、シワにならないように気をつける。シートがないところは、マスキングテープを貼る。

3 パーツの内側をマスキングする
外側をマスキングしたら、続いてパーツの内側をマスキングする。幅広のマスキングテープを使って、内側全体を覆う。

4 マスキングしたパーツ
マスキングが終わったパーツ。テープの境目やフチが浮いていると塗料が吹き込んでしまうので、テープをしっかりおさえておく。

5 窓枠を塗装する
「Mr.カラーつや消しブラック」を塗装する。塗装と乾燥を繰り返して3回ほど塗装する。塗装が終わったら、1時間ほど乾燥させる。

乾燥時間 約1時間

ゆっくり丁寧にはがしましょう

6 しっかり乾燥させてシートをはがす
塗料が乾いているか確認したら、マスキングシートをはがす。乱暴にはがすと、塗装面にキズがついてしまうので気をつける。

★でき上がり

窓枠の塗装でき上がり
窓枠のクリアーパーツの塗り分けができた。塗装したパーツはキズがつかないように、袋などに入れて保管しておくとよい。

 ## ワンポイントアドバイス

塗料がはみ出してしまった時は？
マスキングにすき間があり、塗料が吹き込んでしまった。クリアーパーツはうすめ液などの溶剤を使って、はみ出した部分をふき取ろうとすると曇ってしまうので、コンパウンドで削って修正しましょう。

マスキングにすき間があった…
マスキングにすき間があり、塗料が吹き込んでしまった。この程度であれば、コンパウンドで削ることができる。

コンパウンドで削って修正
コンパウンドを綿棒に取って、はみ出した部分を慎重に擦る。はみ出した塗料部分のみ削って修正する。

Lesson 5 自動車模型

Lesson 5-13

窓枠のマスキング

ボディの窓枠部分をマスキングして塗り分けましょう。ここではエナメル塗料を使って窓枠を塗り分けるので、多少失敗してはみ出してもエナメル溶剤でふき取って修正することができます。とはいえ、失敗はないほうがいいので、しっかり丁寧にマスキングしましょうね。

エナメル塗料も希釈すればエアブラシで塗装できるのね〜！ マスキングは苦手なのでちょっと安心。

MEMO
- 目安時間　作業1時間／塗装30分／乾燥1時間
- 難易度　むずかしい
- 道具　ナイフ／マスキングテープ／エアブラシ／塗料／エナメル溶剤／綿棒／持ち手用の缶・ビン
- ★ナイフでボディをキズつけないように注意！

[窓枠をマスキングする]

ボディをマスキングして、窓枠を塗り分けましょう。今回はマスキングテープを貼って、その後エナメル塗料をエアブラシ塗装する方法で塗り分けます。

1 窓枠をマスキングする
ボディの窓まわりにある窓枠を、セミグロスブラックで塗り分ける。窓枠部分は段差があり、その段差にそって塗り分ける。

パーツをキズつけないように！

2 マスキングテープを貼ってカット
窓枠部分に大まかにマスキングテープを貼り、ナイフでカットする。ナイフの刃は切れ味のよい新しいものを使うこと。

3 窓枠のミゾにそってマスキングテープをカット
ボディの段差にそって慎重にカットする。ナイフがずれて、ボディにキズをつけてしまわないように注意しながら切り取る。

4 マスキングテープを全体に貼る
窓枠部分をマスキングしたら、塗料がかかりそうな部分をマスキング。心配な場合は広めにマスキングしておいたほうが無難。

162　TECHNIQUE LINK　P44「エアブラシ①②」

5 エナメル塗料で塗装する

エナメル塗料はラッカー系の塗料の上に塗装した際に、エナメル溶剤でふき取ることができる。この特性を利用して、ここでは修正が簡単にできるエナメル塗料で塗装する。

6 エナメル塗料で窓枠を塗装する

エナメル塗料のセミグロスブラックを溶剤で3倍に希釈して、エアブラシで窓枠に塗装する。吹きつける塗料の量は少なくし、細吹きでなるべくはみ出さないように塗装していくのがポイント。

中途半端な乾燥はNG！

7 窓枠を塗装した状態

塗装後、30分ほど乾燥させた状態。よく乾燥させずにマスキングテープをはがすと、ラインがガタガタになるので注意。

8 マスキングテープをはがす

マスキングテープを慎重にはがす。乱暴にはがすと塗料がはがれてしまったり、ボディにキズがついてしまう。

窓枠の塗装のでき上がり。窓枠の塗装と同時に、ボディの内側の外から見えそうな場所も一緒に塗装しておくと、内装が引き締まって見える。

★ でき上がり

ワンポイントアドバイス

塗料がはみ出した時は？

綿棒にエナメル溶剤をしみこませて、はみ出した部分のエナメル塗料をふき取ります。ふき取りすぎないように気をつけましょう。

Lesson 5 自動車模型

Lesson 5-14 最終組み立て

いよいよ最終組み立てです。ここまでよくがんばりました！ボディにパーツを接着する作業は、実はもっとも気をつかう作業です。完成を急いで雑に接着すると、接着剤がはみ出したり破損の原因に。ここでトラブルが起こると、せっかくの積み重ねが台なしです。最後の最後まで気を抜かずに作業しましょう。

接着剤のはみ出しに注意ですね！　早く組み立てちゃいたいような、触るのがコワイような複雑な気分〜。

MEMO

- 目安時間　作業3時間　塗装30分　乾燥1時間
- 難易度　むずかしい
- 道具　塗料／筆／クラフトボンド／流し込み接着剤／ピンセット／ツマヨウジ

★最後の最後まで気を抜かずに作業する！

最終組み立てをする

さまざまな工程を経て、ついに完成間近。細部の塗装や接着などの仕上げの作業を行います。細心の注意をはらって作業しましょう。

1 最終組み立てのポイント
自動車模型の小さなパーツには、接合ピンがないものがある。接着するパーツの形状に合わせて、接着剤を使い分けよう。

2 部分塗装する
ライトのパーツなど、細かいパーツの部分塗装を行う。小さなパーツは、ランナーについた状態で筆塗りすると、作業がラク。

接着のポイント

クリアーパーツには、クラフトボンドを使うとよいでしょう。しっかり接着したいパーツは流し込み接着剤、接着剤の塗りしろの少ない小さなパーツは瞬間接着剤を使うなど、接着剤は適材適所で使い分けるのがポイント。はみ出さないように慎重に接着しましょう。

1 クラフトボンドを使う
クラフトボンドは乾くと透明になり、樹脂や塗膜を傷めにくいので、小さなパーツやクリアーパーツの接着に使用するとよい。

2 ツマヨウジでつける
小さなパーツに、クラフトボンドをそのまま塗るとはみ出しやすいので、ボンドをツマヨウジに適量取ってパーツに塗る。

3 パーツを接着する
クラフトボンドを塗ったパーツを接着する。パーツがずれて接着剤がはみ出さないように、位置決めは慎重に。

TECHNIQUE LINK　　P33「パーツの接着と修正」　P36「スミ入れの方法」　P42「筆塗装」

4 しっかりつけたい時は流し込み接着剤を使う

しっかり接着したいところは、流し込み接着剤を使用する。大量に使うと塗膜を溶かしてしまうので、少しずつ流して接着する。

5 細かいパーツを接着した状態

窓枠のクリアーパーツ、ワイパーやミラーなどの小さなパーツを接着。丁寧に接着してきれいな仕上がりを目指そう。

ワンポイントアドバイス

コーティングポリマーで磨く

仕上げにコーティングポリマーを塗ります。コーティングポリマーには研磨剤は入っておらず、指紋を消してツヤを出し、ホコリをつきにくくする効果があります。

6 スミ入れする

お好みで必要ならばスミ入れを行う。スミ入れ専用塗料をパーツのミゾに流す。細かいパーツを取りつける前に行ってもよい。

最後まで気を抜かずに組み立てよう

ボディをシャーシに取りつければ完成です。しかし、ボディに負荷がかかる最終組み立ては、最後にして最大の難関です。マニュアルをしっかり確認して、接合部の状態やピンの位置、取りつけ手順を把握します。ボディに負荷がかかってしまったり、接着が不十分だと、接着面が割れてしまうことがあります。ボディを持つ時は、クリアーパーツ、デカールやインレットシールを貼った場所に指を当てないようにしましょう。

ボディとシャーシの取りつけは慎重に！

パーツが傷つかないように慎重に作業する。塗料の厚みでうまくはまらない場合は、シャーシのはめ込み用のピンを切って対処する。

Lesson 5 ｜ 自動車模型

Completion

完成

タミヤ 1/24
NISSAN フェアレディ Z (Z34)

光沢のある美しいボディに仕上げるべく、丁寧な下地処理とコンパウンドによる研ぎ出しを行いました。塗装色の赤の発色をよくするために、サーフェイサーの上にベースホワイトを塗装。ボディの塗装はすべてエアブラシを使って行い、薄く均一な塗膜をつくるように心掛けました。

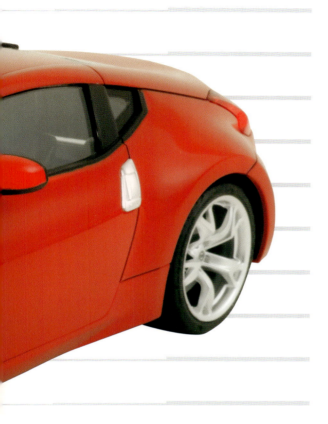

Lesson 5 ｜ 自動車模型

カラーレシピ

ボディ
▷ Mr.カラー 158番 スーパーイタリアンレッド

シャーシ
▷ Mr.カラー 2番 ブラック
▷ Mr.カラー 92番 セミグロスブラック
★以下すべてタミヤ アクリル塗料
▷ X-11 クロームシルバー
▷ XF-16 フラットアルミ

インテリア
▷ Mr.カラー 2番 ブラック
▷ Mr.カラー 92番 セミグロスブラック
★以下すべてタミヤ アクリル塗料
▷ X-11 クロームシルバー
▷ XF-16 フラットアルミ

窓枠・サイドミラー
★タミヤ エナメル塗料
▷ X-18 セミグロスブラック

ヘッドライト
▷ Mr.カラー 49番 クリアーオレンジ

Completion

ZOOM 1　ZOOM 2　ZOOM 3　ZOOM 4

ZOOM 1
テールランプの2色のクリアーパーツは、白化しないようにクラフトボンドを少量つけて接着を行った。エンブレムは、インレットマークの上に「NISSAN」の文字デカールを重ね貼りして再現。

ZOOM 2
クリアーパーツの窓枠は、マスキングをして外側からつや消しブラックを塗装して塗り分けを行った。後部のワイパーは、ボディに1ミリのピンバイスで穴を開け、流し込み接着剤で接着。

ZOOM 3
メーターパネルやカーナビに付属のデカールを貼り、細部の塗り分けは面相筆を使って塗装。インテリアのパーツはランナーにつけたまま塗装を行い、お手軽に製作。時間短縮を図った。

ZOOM 4
ボディの窓枠部分とサイドミラーはマスキングを行い、エナメル塗料のセミグロスブラックで塗装。エナメル塗料の特性を利用して、はみ出した部分はエナメル溶剤でふき取って修正した。

GALLERY 4

Car model

街中を走っているシーンをイメージし、屋外で撮影。太陽光で撮影することでカーモデルのボディの光沢や影が強調され、よりリアルな写真になりました。街中のいろいろな風景を背景に撮影してみるのも楽しいでしょう。

プラモデル用語集＆インデックス

- 模型 → 模型関係の専門用語
- ツール → 模型・造形用ツール
- テク → 製作テクニック

合わせ目消し テク
パーツ同士をつなぎ合わせた接線（継ぎ目）を消す作業。パーツの接着後、紙ヤスリなどで削ってならす。すき間がある場合は、パテで埋めることもある。
➡ P13,18,30,60,84,86,88,92,112,114

隠ぺい力 模型
塗料が下地を覆い隠す力。黒やグレーなどの暗い色ほど高く、白や黄などの明るい色ほど低く、下地の色が透けやすい。
➡ P20,149

ウェザリング テク
風雨にさらされた汚れ、退色した状態を塗装によって表現すること。いわゆる「汚し塗装」。使い古された雰囲気を加味することで、模型のリアリティが増す。通常は基本塗装の後、ウォッシング（P170）やドライブラシ（P172）、エアブラシ（P170）による吹きつけなど、複数のテクニックを使う。
➡ P22,38,84,96,97,102

ウォッシング テク
通常よりも薄めた塗料を用い、筆で模型全体を洗うように塗る技法。暗色を使うことで全体の色調がおさえられ、また適度にふき取ることで雨や油などの汚れを表現する。ラッカー塗料（P173）やアクリル塗料で塗装後、エナメル塗料（P170）で行うことが多い。
➡ P38,84,96,98,99

うがい 模型
エアブラシ（P170）のカップ内に空気を逆流させ、ブクブクと泡立てること。カップ内の塗料を混ぜる時や、掃除（メンテナンス）の時に行う。メタリックカラーやパールカラーなどは、粒子が沈殿しやすいのでマメに行うとよい。
➡ P45,49

うすめ液 ツール
シンナー。溶剤。塗料に添加して濃度を調節するほか、用具の洗浄にも使用する。性質の異なる塗料は希釈できないので、必ず専用の溶剤を使用すること。
➡ P18,22,23,36,38,44,48,70,146,149,150,152

エアブラシ ツール
吹きつけ塗装を行うための塗装用具。コンプレッサー（P171）などのエア供給源に接続し、ボタン操作によってエア量と塗料量をコントロールして、霧状の塗料を噴出させる。缶スプレー（P170）よりも繊細な吹きつけが可能。高価なものだが、塗装表現の幅を大きく広げてくれる。
➡ P20,22,23,24,43,44,46,48,82,140,147,150,152,162

エナメル塗料 ツール
油性の模型用塗料。発色がよく、乾燥が遅く塗料の伸びがよい。エナメル溶剤はラッカー（P173）や水性塗料（P171）を侵さないので、重ね塗りやふき取りが可能。浸透性が高く、プラスチック（P173）をもろくする性質があるので注意。
➡ P22,23,36,38,72,98,128,162

撹拌 模型
かき混ぜること、かき回すこと。使用例「塗料をよく撹拌する」。
➡ P43

金型 模型
部品の整形に使われる、金属製の「型」。ふつうは雄型・雌型の2面型だが、複雑な形状を成型するため型がさらに分割された「スライド金型」もある。熔けた樹脂が型内に圧入され、冷えて固まったものがプラモデルのパーツとなる。この成型法は「インジェクション成型（射出成型）」と呼ばれる。
➡ P32,145

カブリ 模型
塗装面が白っぽく曇ってしまうこと。塗料が空気中の水分を吸うのが原因。湿度の高い時にエアブラシ（P170）で光沢塗装をすると起こりやすい。塗料にリターダーを添加すればある程度は防止できるが、塗装はできるだけ好天を選んで行うのがよい。
➡ P26

紙ヤスリ ツール
サンドペーパー。台紙に研磨剤を付着させたもので、パーツの整形や研磨に使用する。プラモ工作の必需品。紙ヤスリによる切削作業は「ペーパーがけ」と表記されることが多い。研磨剤の目の細かさは数字で表され、数字が大きいほど細かくなり、研磨力は弱くなる。耐水性のあるものはとくに「耐水ペーパー」と呼ばれる。
➡ P11,13,29,30,33,34,61,115,117,119,120,144,151,154

カラー（缶）スプレー ツール
缶入りのスプレー塗料。手軽に吹きつけ作業を行えるのが利点で、広い面を均一に塗るのに適している。その一方、細吹きは困難なため、微妙なぼかし塗装には不向き。各色のほか、ツヤを整えるのに使用する無色透明のクリアー（P170,171）、下地剤のサーフェイサー（P171）も缶スプレーが用意されている。
➡ P21,42,43,63,66,69,76,82,84,94,122,123,126

仮組み 模型
キットを仮に組み立ててみること。パーツ同士のはまり具合を確認したり、後の作業の段取りを考えるために行うのが目的で、キット製作においては意外に重要な過程。
➡ P55,85,113,140,142,143

クリアーコート 〈テク〉

模型全体にクリアー塗料を吹きつけること。専用のスプレー塗料も発売されており、ツヤを消す、光沢仕上げにするなど、目的に応じて全体のツヤをそろえるために行う。また貼りつけたデカールを保護する効果もある。
➡ P21,152

クリアーパーツ 〈模型〉

窓ガラスやレンズなどを再現するための透明パーツ。通常の色つきパーツよりも割れやすい上に、接着剤のはみ出しなどは非常に目立つので、取り扱いには十分な注意が必要。
➡ P17,77,54,140

ゲート 〈模型〉

プラモデルのパーツとランナーをつないでいる細い部分。ここをカットしてパーツを切り離すのがプラモデルづくりの最初の工程。残ったゲートを削り取る作業が「ゲート処理」。
➡ P8,10,12,13,28,29,32,60,68,118,140

コート剤 〈ツール〉

塗料の一種。パーツに吹きつけることで、プラモデル表面のツヤを整えるコーティング剤。ラッカー系「Mr. スーパークリアー」と「水性トップコート」があり、どちらも光沢、半光沢、つや消しの3種類の仕上げが選べる。「クリアー」「トップコート」ともいう。
➡ P21

コンパウンド 〈ツール〉

仕上げ用のペースト状、または液状の研磨剤。布などにつけて磨くことで細かなキズをならし、面を平滑に仕上げて光沢を出す。光沢仕上げを目指す自動車模型において、塗装のフィニッシュとして行うことが多い。
➡ P13,153,154,156,161

コンプレッサー 〈ツール〉

電動モーターで空気を圧縮して供給する装置。一定の圧力のエアを恒久的に送り出すため、安定したエアブラシ塗装 (P170) が行える。非常に高価だが、ランニングコストを考えれば缶入りタイプのエアよりもはるかに安上がりとなるので、模型趣味を長く続けるつもりであれば購入をおすすめしたい。
➡ P25,26

 さ行

サーフェイサー 〈ツール〉

塗装前の表面仕上げに使う下地材。ペーパーがけなどによる細かなキズを埋めて面を平滑にならすとともに、上塗りする塗料の定着を助ける。通常は明るめのグレー色なので、キズなどを発見しやすくする効果もある。缶スプレー式のものが便利だが、ビン入りタイプも発売されている。
➡ P18,20,24,146,148,149

サフ吹き 〈テク〉

「サフ」はサーフェイサーの略で、要するにサーフェイサーを吹きつけること。塗装前、表面処理 (P172) の一環として行われる。スプレー式のものを使うのが一般的。より繊細な仕上げを望む際は、ビン入りタイプをラッカーうすめ液で希釈し、エアブラシ (P170) で吹きつけることもある。
➡ P20,66,146,149

下地 〈模型〉

塗装する前の模型表面のこと。よりよい塗装面を得るためには、ペーパーがけ、サーフェイサー吹き (P171) などによって、充分な「下地処理」をしておくことが重要。
➡ P20,66,146,149

瞬間接着剤 〈ツール〉

水分で化学反応を起こして硬化する、シアノアクリレート系接着剤の総称。硬化速度は非常に速く、文字通りすばやい接着が可能なのが最大の特徴。のりしろの少ない小パーツや金属パーツの接着に重宝する。用途によってサラサラの低粘土タイプからゼリー状まで多くの種類があり、硬化速度をさらに速めるための硬化促進剤も販売されている。
➡ P17,91,132

水性塗料 〈ツール〉

水溶性アクリル樹脂塗料。溶剤系の塗料に比べてにおいがマイルド。アクリル系塗料ともいう。タミヤカラーの「アクリル塗料」と、GSIクレオスの「水性ホビーカラー」とがある。また近年では、エマルジョン系水性塗料「新水性カラー アクリジョン」（GSIクレオス）なども発売されている。どの塗料も希釈は専用のうすめ液 (P170)、または水で行う。
➡ P23

スジ彫り 〈模型〉〈テク〉

パーツの表面に見られる、細い線状のミゾのこと。または、それを彫り込む工作。スジ彫り作業には、針、ナイフ、エッチング製の小型ノコギリ、目立てヤスリなど、目的に応じた工具が使われる。
➡ P10,12,36

スチロール樹脂 〈模型〉

プラモデルの原料として使われているプラスチック樹脂の一種。「ポリスチレン」「ポリスチロール」ともいう。断熱材や梱包材に使用される発泡スチロールは、ポリスチレン樹脂に溶剤を含ませて発泡させたもの。
➡ P16

スミ入れ 〈テク〉

溶剤で薄めた塗料を、スジ彫り (P171) などの凹みに筆で流し込むテクニック。パネルラインなどのディテール (P172) がはっきりするため、模型の立体感が強調され、実感を増す効果がある。ふき取りが容易なエナメル塗料 (P170) を用いるのが一般的だが、ペンタイプの専用マーカーも発売されている。
➡ P22,36,38,54,58,72,98,112,128,129,130,165

すり合わせ 〈模型〉

パーツの合いが悪い場合に、接合面を削ってぴったりと合うように加工すること。すき間が大きい時は平ヤスリで粗削りし、紙ヤスリで仕上げるとよい。
➡ P113,121,117,142

成形色 〈模型〉

原料のスチロール樹脂に顔料を混ぜることで着色される、パーツの素材自体の色。通常1枚のランナー (P173) は単色となる。
➡ P95

 た行

ダブルアクション式 〈ツール〉

エアブラシ (P170) の操作方式の一種で、エアの噴出量と塗料の量が別の動作でコントロールできるタイプ。通常はボタンを押すことでエアを、ボタンを手前に引くことで塗料を調節する。繊細な塗装が可能なので、できればこのタイプのエアブラシを購入したい。ボタンでエアのみを調節するタイプは「シングルアクション式」と呼ばれ、価格は低めとなっている。
➡ P24

プラモデル用語集 & インデックス

- 模型 → 模型関係の専門用語
- ツール → 模型・造形用ツール
- テク → 製作テクニック

調色 模型
別々の色を混ぜ合わせて色をつくること。また、説明書のカラーガイド（カラーチャート）などを参考に、塗装したい色に合わせて色をつくること。
➡ P23,38,43,44,69,70,98,104,127,128

調色スティック ツール
塗料ビンから塗料を取り出したり、かき混ぜるのに使用する金属製のスティック。板状の部分に紙ヤスリを貼りつければ、適度な研磨力を持つ即席の棒ヤスリになる。
➡ P15,36,44,146

突き出しピン 模型
エジェクターピン。プラモデル(P173)の金型(P170)には多数の細い棒が設けられており、成型されたパーツはこれで押し出されて金型から外される。パーツには裏面に円形のピン跡が残るため、目立つ箇所にある場合は埋めたり削ったりして消しておこう。
➡ P117

ディティール 模型
パーツ表面の細かな彫刻や繊細な小パーツの総称。模型の精密感を高める大きなポイントとなる。ディティールを増やしたり、他素材に置き換えたりして実感を増す工作を「ディティールアップ」という。
➡ P52,111

デカール 模型
模型に貼りつける、文字や図形などのマークのこと。フィルムの上からこすりつけて直接転写するものを「ドライデカール」、水に浸し台紙からはがして貼りつけるものを「水転写式デカール(P173)」という。キットに付属するもののほかにも、さまざまなものが別売りされている。
➡ P10,14,19,21,28,40,52,54,59,74,76,84,94,99,112,131,133,165

デカール軟化剤 ツール
水転写式デカール(P173)専用の軟化剤・接着剤。これを塗ることで、水転写式デカールを柔らかくして、貼りにくい

凸凹面や曲面になじませやすくなり、接着力を高める効果もある。
➡ P19

デザインナイフ ツール
替刃式のペン型ナイフ。刃先は非常に鋭いので、細かな切削工作に向いている。模型製作においては、いわゆるカッターナイフよりも圧倒的に使用頻度が高い工具。一般的には「デザインナイフ」は刃幅の狭いタイプ。刃幅の広いタイプは「アートナイフ」と呼ばれる。
➡ P10,12,14,29,30,32,60,65,76,91,116,118,119,120,125,132,141,158,162

点づけ テク
パーツの接合面に接着剤を少量塗って接着すること。アンテナや極小パーツなど、接着面の小さなパーツはこうして接着することが多い。瞬間接着剤(P171)を使うと便利。
➡ P17,33,77

溶きパテ ツール
プラスチック用パテにラッカーうすめ液を添加し、粘度を低くしたもの。筆で塗りつけてキズや凹みを埋めるほか、パテが硬化する前に筆先でたたいてざらつかせた表現を行うなど、主にパーツの表面処理(P172)に使用する。
➡ P18

研ぎ出し テク
鏡面仕上げ。塗装面を紙ヤスリやコンパウンド(P171)で研磨して、ツルツルの光沢仕上げにすること。塗装面を直に研磨すると下地が露出してしまう恐れがあるため、クリアーコート(P170)を行った後、そのクリアー層のみを削るのが一般的な方法。デカール(P172)を貼りつけ後にクリアー層を設けて研磨すれば、デカールと塗装面との段差を消すこともできる。
➡ P13,140,152,154,156

塗装ブース ツール
吹きつけ塗装の際に余分な塗料の霧を屋外へ排出する、箱状またはパネル状の塗装用具。ブース奥には電動ファンが設置されており、ダクトを介して塗料の霧が

排出される仕組み。家庭で塗装するには今や必需品といってよい。
➡ P25,26,43

ドライブラシ テク
筆にふくませた塗料をいったんふき取り、かすかに色がつく状態にしてから、軽くこすりつけるように塗るテクニック。暗色の上に明色を段階的に重ねて凸部を強調していくのが一般的な方法。グラデーション効果とともに、退色表現など、ウェザリング(P170)の一環として施されることも多い。
➡ P69,84,101

ニッパー ツール
パーツをランナー(P173)から切り取るのに使用するペンチ型の工具。プラモデル製作にはなくてはならない必需品。刃の片面が平らになった専用のものを用意しておこう。
➡ P8,12,29,116

パーツ 模型
プラモデル(P173)を構成する部品。板状の枠「ランナー(P173)」から切り離して組み立てる。
➡ ほとんどすべてのページ

パーティングライン 模型
金型(P170)の合わせ目、分割線のこと。成型されたパーツには、外周に細い線となって跡が残るため、それを指していう場合が多い。わずかな段差や突起となっているので、紙ヤスリなどで削ってならしてやりたい。
➡ P10,12,32,119,144

バリ 模型
パーティングライン(P172)上に形成される、余分な薄皮のこと。金型(P170)が摩耗してすき間ができると、そこに樹脂が流れ込んでバリとなる。発売時期の古いキットに見られることが多い。もちろん不要

172

なので、削り取ってしまうのが正しい。
→ P116,159

ヒケ 模型
樹脂などが硬化時に収縮してできる凹みのこと。肉厚の部分にできやすい。プラモデル（P173）のパーツではこれを防ぐため、裏面に「肉抜き穴」が設けられているものもある。それでもできてしまったヒケは、パテなどで埋めてしまおう。
→ P145

表面処理 テク 模型
パーツの表面を整形してならすこと。パーティングライン（P172）や合わせ目を消す（P170）、キズやヒケ（P172）を埋める、平滑になるよう研磨する、サーフェイサーを吹きつける（P171）など、塗装にいたるまでの一連の作業を総称してこう呼ぶ。
→ P140,144

ピンセット ツール
細かいものを保持し、扱うための金属製工具。小パーツの取りつけやデカール類（P172）の貼りつけなど、ち密さが要求される作業には欠かせない。
→ P14,40,59,62,93,116,124,159

ピンバイス ツール
替刃式の精密ドリル。先端にドリル刃を装着して、部品に穴を開けるための工具。模型ではパーツを取りつける穴を開ける時などに使う。ドリル刃は交換式。
→ P12,14,35,90,119,120

プラモデル 模型
プラスチックモデルキットの略。かつては日本初のプラモメーカー、マルサン商店の登録商標だったが、現在は一般名詞化している。ほかに「プラキット」「インジェクションキット」などとも呼ぶ。
→ P8,13,18,22,30,32,42,50,91,92,111,138

プラモデル用接着剤 模型 ツール
プラセメント。プラスチックを溶かして接合するため、接着力は強力。溶剤にスチロール樹脂が混入されているタイプが一般的。使い方は接合面に接着剤を塗ってから貼り合わせる。溶剤分のみのサラサラタイプもあり、こちらはパーツの合わせ目に流し込んで使用する。
→ P16,17,30,33,87,91,93,132,143,158

ポリキャップ 模型
弾性が高く摩耗しにくいポリエチレン製のジョイントパーツ。形状はさまざまで、プラモデルの可動部に組み込まれ、パーツを保持する。
→ P54,112,120

マークフィット ツール
水転写式デカール（P172）の軟化剤。凹凸のある面にはデカールがなじみにくく浮いてしまうため、それを軟化して密着させるために使用する。塗りすぎると派手にシワが寄ったり、デカールが伸びてしまうので注意したい。
→ P19,40,59,74,99,131

マスキング テク
塗装面を覆い隠すこと。パーツを塗り分けする際に、下地色を残したい部分に施す。直線なら紙製の「マスキングテープ」を使うのが便利。複雑な形状をマスクする場合は、液状の「マスキングゾル」が向いている。
→ P19,54,63,64,122,124,126,140,157,160,162

水転写式デカール ツール
水に濡らすことで印刷フィルムが台紙から剥離する、プラモデル（P173）ではもっともポピュラーなタイプのデカール。台紙からずらして貼りつけるため、「スライドマーク」とも呼ぶ。
→ P19,40,140,159

水抜き ツール
コンプレッサー（P171）内で発生した水分を、フィルターを介して取り除くための装置。これがないと、湿度が高い時はエアブラシ（P170）から水が飛び散ってしまうこともある。
→ P25

メッキパーツ 模型
金属色がコーティングされた部品。塗装で再現できない独特の質感は大きな魅力だが、ゲート跡が目立つという欠点もある。接着する際は接合面のメッキを削り落として行う。
→ P140,158

面相筆 ツール
毛先を細く束ねた丸筆。人形の顔を描く
のに使われたので、こう呼ばれる。細部塗装には欠かせない。
→ P15,42,96,97

モールド 模型
型や形を意味する言葉だが、プラモデルにおいては「パーツ表面の彫刻」といったニュアンスで使われることが多い。
→ P30,36,37,43,58,60,69,72,86,98,101,115,117,119,128,129

持ち手 模型
塗装面に直接手で触れずにすむよう、パーツに取りつけておく支えのこと。割りばしやランナー（P173）を利用して、両面テープやクリップでパーツを保持するようにしておくとよい。
→ P9,59,63,67,76,94,126

毛細管現象 模型
液体が表面張力によってすき間に流れること。パーツのミゾやスジ彫り（P171）に、塗料や接着剤などが「スッ」と流れていく様子。この現象を利用して、スミ入れ（P171）や流し込み接着剤を使った接着を行う。
→ P37,160

ラッカー塗料 ツール
もっともポピュラーな有機溶剤系の模型用塗料。乾燥が速く、塗膜強度も強い。入手のしやすさ、色数の多さなどメリットは多いが、使用する際は換気に十分注意したい。
→ P21,22,23,36,44,70,94

ランナー 模型
プラモデル（P173）のパーツの周囲にある棒状の枠。金型（P170）に彫り込まれた注型材（お湯）の通り道。
→ P8,16,28,29,45,52,54,68,88,112,116,118,142,158,164

レギュレーター ツール
コンプレッサー（P171）のエア圧を調整する装置。さまざまなエアブラシ表現（P170）を行うためには、できれば入手しておきたい。「水抜き（P173）」と一体化されたタイプがおすすめ。
→ P24,25,44

あとがき

　本書では、飛行機・戦車・艦船・自動車の4種類のジャンルのプラモデルのつくり方をご紹介してきました。つくってみてうまくいきましたか？　思ったよりも難しかったですか？　それとも、本は読んだものの失敗がこわくて、まだつくりはじめられていない方もいらっしゃるかもしれませんね。

　プラモデルづくりの上達の近道は、とにかく失敗することです！　そして、プラモデルづくりのいいところは、失敗しても修正することができ、失敗を取り返せるというところです。どうしようもない失敗をした時は、メーカーからパーツを取り寄せることもできますし、同じものをもうひとつ買うこともできます。

　この本をつくるにあたり、私自身も数回失敗しました。でも、そのたびに失敗をリカバリーして完成までこぎつけました。失敗することで、間違ったやり方と正しいやり方、修正方法を知ることができるので、ラッキーと思うようにしています。そんなわけで、みなさんもまずは失敗を恐れずにチャレンジしてみてください。みなさんのプラモデル製作のお役に立てたのなら、よりそえる一冊になったのなら、これ以上の喜びはありません。

　ひとつ完成できると、また次の新しい扉が開くのもプラモデルの魅力です。「次はもっと精密感をアップした仕上げにしたい」「本物により近づけたい」「迷彩塗装やメタリック塗装など、新しい塗装法にチャレンジしたい」…。プラモデルにはいろいろな楽しみ方がありますから、完成品を増やしてステップアップしてください。あなたの手でつくり上げたプラモデルは、世界にひとつだけの作品です。この本が、みなさんのステキな作品がひとつでも多く完成するきっかけになれば幸いです。

オオゴシ トモエ

オオゴシ トモエ

1978年、広島生まれ。模型専門誌の連載企画を経て、モデラーとして活動をスタートさせる。現在は作例製作やコラム執筆のかたわら、模型教室を多数主催。プラモデルの楽しさを広める活動を積極的に行っている。

著書に『はじめてだってうまくいく ガンプラの教科書』『はじめてだってうまくいく ガンプラ塗装の教科書』『いちばんやさしい ガンプラ「超」入門』『いちばんやさしい ガンプラ エアブラシ塗装「超」入門』『ガンプラ製作 完全ガイド』(大泉書店)などがある。

URL http://www.054taste.jp/

STAFF

本文デザイン・イラスト
志岐デザイン事務所
熱田 肇

撮影
糸井康友

編集協力
(株)ジャンピングフロッグ

協　力（50音順）
株式会社GSIクレオス
株式会社タミヤ

> 本書を無断で複写(コピー・スキャン・デジタル化等)することは、著作権法上認められた場合を除き、禁じられています。小社は、複写に係わる権利の管理につき委託を受けていますので、複写をされる場合は、必ず小社にご連絡ください。

---

012 Hobby
できる！
プラモデル 完全バイブル

2016年11月25日　初版発行
2023年 6月14日　4版発行

著　者　　オオゴシトモエ
発行者　　鈴木伸也
発　行　　株式会社　大泉書店
　　　　　住　所　〒105-0001
　　　　　　　　　東京都港区虎ノ門 4-1-40
　　　　　　　　　江戸見坂森ビル 4F
　　　　　電　話　03-5577-4290（代）
　　　　　FAX　　03-5577-4296
　　　　　振　替　00140-7-1742
印刷・製本　凸版印刷株式会社

© Ogoshi Tomoe 2016 Printed in Japan

URL http://www.oizumishoten.co.jp/
ISBN 978-4-278-05387-6　C0076

落丁、乱丁本は小社にてお取替えいたします。
本書の内容についてのご質問は、ハガキまたはFAXにてお願いいたします。